日韓関係史

木宮正史
Tadashi Kimiya

岩波新書
1886

目次

目次

序章　日韓関係の現状とそのダイナミズム

菅義偉首相（左）と文在寅大統領（右）（提供：左 Carl Court/Getty Images．右 Handout/Getty Images）

かつてない緊張感の高まり

二〇二〇年八月二八日、日本の安倍晋三首相は持病悪化による辞任を表明した。安倍政権下の日韓関係は、当初朴槿恵《パククネ》政権との間で首脳会談さえままならぬ状況にあったが、日韓国交正常化から五〇年にあたる二〇一五年末、懸案であった「慰安婦」問題に関する日韓政府間合意が発表されることで、関係改善の兆しが見えたかに思われた。しかし、この合意に対しては、被害者自身に何の了解もなく行われたということで、韓国の支援団体、そして韓国社会において、それを認めるよりも批判が高まった。

朴槿恵大統領の弾劾・罷免を受けて成立した進歩リベラル派の文在寅《ムンジェイン》政権は合意を破棄することはしなかったが、「合意では問題解決にはならない」ので合意を履行しようとはせず、合意に基づき創設された「和解・癒やし財団」も解散された。

さらに、それに追い打ちをかけるように、二〇一八年一〇月三〇日、韓国大法院(大法廷)は、日本企業に元「徴用工」への損害賠償支払いを命じる確定判決を出した。それから二年以上も経った現在、その判決を執行するための日本企業の在韓資産の現金化措置が進もうとする中、日韓政府間の緊張が高まっていた。

二〇二〇年、日韓共に新型コロナ危機に直面したことで、一旦「休戦」状態になってはいるが、政府間の妥協が成立しなければ、判決通りに現金化措置が進行していかざるを得ない。日本政府は、一九六五年の日韓国交正常化と同時に締結された日韓請求権協定に反する「国際法違反」だとして、判決への批判を強めており、もし現金化措置が実施され日本企業に被害が及ぶことになれば、それに対して報復する構えである。そして、そうなれば、おそらく韓国では官民挙げての対日報復行動が採られることになる。日韓関係は一挙に「修羅場」を迎えることが容易に予想される。それを憂慮してか、韓国ではなかなか現金化措置が進まない雰囲気であり、場合によっては次期政権に委ねるのではないかという推測も提起される。

日韓関係の構造変容——非対称から対称へ

筆者は一九八〇年代から日韓関係を観察してきたが、ほとんど政財界だけが日韓関係を独占していた七〇年代までは、そもそも日韓間で自由な交流がなく、したがって相互理解の機会もなかったため、重大事件を契機として関係が一気に悪化してしまうこともあった。

一九八〇年代以後、国力や体制価値観の接近、交流機会の増大に起因して、日韓の相互理解が可能となる条件が整備されてきた。にもかかわらず、日韓の政府のみならず世論が、現在ほど真っ向から対峙した事態は記憶にない。特に、日本社会において、これほどまでに対韓強硬論が幅を利かすようになってしまったのは、ある意味では驚きでもある。

率直に吐露すると、少なくとも一九九〇年代、筆者は日韓関係の今後に関して、かなり楽観的に考えていた。「日韓が類似の存在になり、交流が深まることが、関係改善につながるはずだ」という素朴な考えが、その背景にはあった。そうした側面が部分的になかったとは言えないが、少なくとも現状は、そうした楽観論を裏切った格好である。

日韓の間に身を置きながら日韓関係を観察してきた立場から見ると、なぜ、ここまで関係が悪化してしまったのかを再考する必要に迫られた。

本書は、こうした問題意識に基づいて書かれたものである。ただし、直近の出来事だけに関係悪化の原因を求めるのではなく、主として一九四五年以後の日韓関係における「非対称から対称へ」という構造変容に注目し、それへの日韓の対応が重要であることを示していく。

国際関係の変容

この七五年以上の間、当初は政財界だけであった日韓関係は、社会文化など多種多様な領域へと拡大していった。しかも、密接度を増し濃密な関係を構成する。韓国発の文化がこれほどまでに日本社会、さらには国際社会に受け入れられるようになったことは、率直に言って驚き以外の何ものでもない。また、冷戦の終焉、そして韓国の民主化を経た一九九〇年代以後は、日韓ともに市民社会が重要なアクターとして登場している。特に、日本が過去に韓国を侵略し支配したという歴史があるだけに、韓国社会は歴史問題には敏感であり、市民社会間関係も重要な構成要素となる。

さらに、日韓関係はそれだけで存在するわけではなく、それを取り巻く国際関係に埋め込まれている。

何よりも、日韓は冷戦期も、またそれ以後も、米国との同盟関係を共有する。換言すれば、日韓関係の相当部分は日米韓関係を構成する。したがって、対米同盟の共有が日韓関係にどのような影響を及ぼしたのか、そして、それが時期的にどのように変容してきたのかに焦点を当てることは、日韓関係の分析にとっては必須である。

次に、北朝鮮の存在である。

韓国は南北分断体制下、北朝鮮に対する体制優位を求めることを外交目標として設定し、そのために日本の協力を必要とした。日本も、アジアにおける反共陣営を強化し、日本の安全保障を確実なものとするために韓国に協力してきた。その成果もあって、韓国は経済発展と政治的民主化を実現し、北朝鮮に対する体制優位を確保した。

しかし、その後の南北関係は、韓国主導で統一に向けた平和共存の制度化へと一直線に進んだわけではなかった。北朝鮮による日韓を射程に入れた核ミサイル開発、日本人拉致問題、日朝国交正常化など、南北関係や日朝関係を構成する諸要素は日韓関係にも重大な影響を及ぼしてきたし、今後も及ぼすことになる。そして、中国の存在である。

中国は北朝鮮を助けるために朝鮮戦争に参戦して国連軍と戦ったように、日韓にとって「敵性国家」であった。しかし、一九七二年には日中国交正常化、九二年には中韓国交正常化によって関係を深化することで、政治経済において重要なパートナーとなった。ところが、中国の大国化、そして米中関係が対立へと変化する中、日韓がそれにどのように対応するのかの選択を迫られている。そして、それも日韓関係に影響を及ぼすことになる。

以上のように、日韓関係とそれを取り巻く国際関係の変容が、日韓両政府や国民の選択を通して、日韓関係を変容させてきた。本書では、こうした日韓関係の展開過程を分析することで、「日韓関係がなぜこうまで悪化したのか」という問題を再考すると共に、「では、どのように取り組むべきであるのか」を考えるために必要な材料を提供したいと考える。

本書の構成

本書の構成は以下のようになる。

まず第一章では、一九四五年以後の日韓関係を論じる前史として、四五年以前について概観する。欧米列強による「西洋の衝撃」を共有した日韓が、なぜ「日本による朝鮮支配」という非対称な帰結となったのかを考察する。

第二章では、一九四五年の事実としての日韓関係の開始から七〇年まで、冷戦の最盛期に、日韓が難しい交渉を経て国交を正常化することで、「経済協力によって相互の安全保障を確実にする」という日韓協力の基本構図が形成される過程を、それに対する批判も視野に入れながら考察する。

第三章では、一九七〇年代、八〇年代、中国をめぐる国際関係の変容などで東アジア冷戦がデタント(緊急緩和)、そして終焉に向かう中、補完的な協力関係にあった日韓がそれにどのように対応し、どのような成果をもたらしたのかを、単に政府と財界の関係だけであった日韓関係が市民社会を含む豊富な関係に変化したことも含めて論じる。

第四章では、一九九〇年代、二〇〇〇年代、冷戦の終焉、韓国の先進国化と民主化によって、「非対称から対称へ」という構造変容を遂げた日韓関係が、北朝鮮の核ミサイル開発や日韓の歴史問題の出現にどのように取り組んだのか、そして、その帰結がどうであったのか、考察する。

第五章では、二〇一〇年代に入り、対称化する日韓関係の競争的側面がより一層刻印される中、それを取り巻く米中対立の激化が深刻になり、日韓がどのような対応を選択するのか、選択の岐路に立たされていることを明らかにする。

終章では、以上の知見に基づき、現在の日韓関係の難しい局面を打開するための知恵を何とか絞り出すための議論を展開することで、本書の締めくくりとする。

第一章　日韓関係の「前史」──一八七五〜一九四五年

1940年，植民地統治時代の朝鮮総督府（提供：朝日新聞社）

一九四五年に至る歴史

戦後日韓関係の「前史」として、それ以前の近代以降の日本と朝鮮半島との関係について概観し、それが戦後日韓関係にとってどのような初期条件を形成したのかを考察する。ただし、あくまで「前史」であるので、必要最小限の記述にとどめることにする。

一九一〇年、「韓国併合条約」によって大日本帝国は大韓帝国を併合し四五年まで植民地支配を行った。まさに日韓関係は、支配・被支配という最も非対称な関係になったのである。

こうした結果における非対称性は、それぞれの歴史記述における非対称性にも反映されてきた。日本近代史の解釈や教育において、朝鮮半島の占める比重はそれほど大きくはない。それに比べると、韓国近代史の解釈や教育における日本の比重は大きい。韓国近代史解釈に関しては、韓国国内においていろいろな論争が存在するが、ともかく「日本」を抜きにして語ることは不可能だと言っても過言ではない。こうした歴史解釈や歴史教育における非対称性が、今日の日韓間の歴史問題や教科書問題の背景に存在する。

とはいえ、当初から非対称であったわけではない。少なくとも一八八〇年代までは、日韓共に共通の脅威に直面し、それにどのように対応するのかという共通課題を抱えていたという意味で、対称性を持っていた。そして、その共通課題に協力して立ち向かうという選択肢も現実的に存在した。

しかし、結果として、そうした選択を日韓は共に貫徹しなかった。のみならず、日本が朝鮮を侵略し支配するに至った。対称性から出発しながらも究極の非対称性をはらんだ関係に帰結したことになる。

こうした歴史をお互いどのように考えるのか。現在の日韓間に深く横たわる歴史問題の直接的な起源は、日本が朝鮮半島を支配したという事実とそれをめぐる評価にあることを考慮すると、まずは日韓関係の「前史」として、一九四五年に至る歴史を考察しておくことが必要である。

第一節 「西洋の衝撃」と日韓関係——対称性からの出発

「開国」をめぐる差異

一九世紀後半、欧米列強が帝国主義国家として、日本や朝鮮に「開国」を迫ることになる。日朝の当初の対応は「鎖国」の継続、「開国」の拒否という点で共通した。日本では「尊皇攘夷」、朝鮮では「衛正斥邪《えいせいせきじゃ》」というスローガンが唱えられた。そのどちらも「西洋は邪悪な存在であるので、それを排して自らの固有の正しい文化を守る」という意味であった。しかし、日本と朝鮮が置かれた状況は、次の二点において違いがあった。

第一に、徳川幕藩体制と李朝体制という政治体制、特にその中央集権度の違いである。徳川幕藩体制は、その後の明治日本と比較しても、また同時期の朝鮮と比較しても、著しい地方分権体制であった。多くの人々にとって、「くに」とは「藩」を意味するものであり、江戸末期に至るまで「日本」という国家に対するアイデンティティは稀薄であった。確かに、諸大名を統制する幕府の権力は強大であったが、各藩の独立性は高かったのである。

それと比較すると、李朝体制は、はるかに中央集権的であった。独立性の高い地方権力は存在せず、あらゆる権力は首都漢城(現・ソウル)に集中していた。ただし、このことは地方に対する中央の優位を意味するものであり、貴族に対する国王の絶対的優位を意味するものではなかったことに留意する必要がある。

こうした中央集権的な体制の方が、欧米列強の開国要求という危機を一致団結して斥けることが容易であった。ただし、中長期的に見ると、危機に対応する柔軟な選択が行われ難かったとも考えられる。危機に直面したとき、新たな権力の担い手がいち早く地方から勃興し、明治維新によって「開国」を与件としながら欧米列強に対抗するべく新たな中央集権国家が構築された日本とは、対照的であった。

第二に、「大陸とつながる半島」と「大陸と離れた島国」という異なる地政学的条件に起因する、中華秩序の「内」と「外」という違いである。

歴史的に中華秩序に基づく朝貢システムに組み入れられていた朝鮮に対して、日本は中国とは距離を置き、中華秩序の外にあった。また、そうした地政学的条件の違いは「西洋の衝撃」度の違いにも帰結した。初期において欧米列強による日本への圧力が朝鮮への圧力を上回っていたのである。

こうした違いは、端的に日本と朝鮮の「開国」時期の違いに反映された。日本の「開国」が一八五三年のペリー来航を契機とするものであったのに対して、朝鮮の「開国」はそれより二〇年以上も遅れた一八七六年、しかも日本による開国要求を受け入れたものであった。もちろん、朝鮮に対しても欧米列強の開国圧力はあった。それを李朝体制は斥けることに成功したのである。

こうした日朝の違いは、欧米列強の開国圧力の強度と、日朝各体制の抵抗の強度による関数として説明される。日本の早期開国が、強い開国圧力と弱い抵抗によって説明されるのに対して、朝鮮の相対的に遅い開国は、弱い開国圧力と強い抵抗によって説明されるのである。

日朝の共通目標

一八七〇年代、八〇年代、日朝両国は、国家体制を改革し近代化を達成することで、欧米列強の圧力に抗するという目標を共有していた。さらに、そうした共通目標に基づき、日朝の協力の可能性が模索された。

確かに、日本には明治維新前後、吉田松陰や西郷隆盛などによる「征韓論」の主張があり、朝鮮に対する攻撃的かつ侵略的な言説が存在した。それをもって、既に日本は「朝鮮を見下していた」「侵略対象として見ていた」という見方もある。しかし、そこまで日本が「思い上がっていた」というよりも、危機的状況の中で混乱し、いろいろな選択肢を模索したことの現れにすぎないのではなかったか。

裏返して言うと、日本の安全保障にとって朝鮮がいかに重要な位置を占めるのかという認識を反映したものであった。日本にとって敵対的な勢力が朝鮮半島に対して影響力を持つことは、日本がその脅威に常に晒されることになり、日本にとって直接的で深刻な脅威になり得るという認識であった。したがって、日本の安全保障のためには、朝鮮半島に敵対的な勢力が影響力を持つことのないようにすることが重要であると認識したのである。

では、朝鮮にとって日本とはどういう存在であったのか。日本が朝鮮に敵対的であるのかどうかという問題意識は、それほど強くはなかった。その意味で相互の安全保障認識には乖離があった。

しかし、朝鮮は中国、ロシアという大国と直接的に対面していたわけであり、その対応に関して日本の協力を得られるかどうかという点は死活的に重要であった。換言すれば、日本にとって朝鮮の存在それ自体が重要であったのに対して、朝鮮にとっては日本との協力の可否が重要であったと見ることができる。

その意味で、日本と朝鮮は「西洋の衝撃」への対応に関し競争的ではあるが共通の立場に立っていたという点で、その出発点は対称的であった。

第二節　近代化をめぐる協力と対立——支配・被支配への帰結

認識のずれ

この後、日本の対朝鮮認識は、自国の安全保障において朝鮮の占める重要性を前提としつつ、一方で、欧米列強の圧力に抗しうる程度に、朝鮮が近代化し国力を増強することを望むものであった。しかし他方で、そうした希望が満たされない場合、日本自体が朝鮮を実質的な支配下に置きコントロールすることも辞さないという二重性を内包した。

一八八〇年代の半ばまでは、前者の方に力点が置かれていた。朝鮮の開化派（清からの自主独立と近代化をめざす人たち）による近代化を通した国力強化に期待をかけ連携を模索した。それを象徴するのが、福澤諭吉と金玉均《キムオッキュン》との連携であった。それは八四年甲申《カプシン》政変によって頂点に達した。しかし、朝鮮の開化派による政権奪取は一旦失敗に終わった。その後、朝鮮において、日本との提携によって朝鮮の近代化を企図する政治勢力は少数派に転落した。朝鮮では、自国の生存、安全保障のために、近代化を通した国力強化が必要であるという認識は共有されていた。そして、そのために自力で取り組むことを基本としつつ、そのうえで、どの周辺国家と連携するのかという問題に直面したのである。

ただし、ある特定の外国勢力との提携を強化し、その排他的影響下に置かれることは、結果的に独立を阻害する帰結をもたらすので、諸外国勢力とのバランスを保ちつつ、その力を利用するということが必要であった。地理的に隣接する存在である日本、清国（中国）、ロシアが直接的な協力対象と目された。このうち、どの国家との協力を優先するのかをめぐり、朝鮮国内では対立が存在し、さらに、それに付け入る形で朝鮮への影響力をめぐる三カ国間の対立が展開したのである。

こうした大国間国際政治の力学の帰結が、一八九四年に勃発し翌九五年に日本の勝利で終わった日清戦争と、その一〇年後、一九〇四年に勃発し翌〇五年にロシアに対して朝鮮における日本の相対的優位を確実にした日露戦争であった。

日本は、自国の安全保障にとって死活的に重要な朝鮮が、競争相手であり脅威でもある清国、ロシアの排他的影響下に置かれることに、国家存亡に関わる危機意識を持った。朝鮮における甲午《カボ》農民戦争・東学党の乱に伴う内乱に乗じて、朝鮮に対する優位を賭けて日清戦争に突入した。そして、勝利することで少なくとも清国に対する日本の優位を確保した。ところが今度は、清国に代わってロシアの影響力が増大した。そして、朝鮮における相対的優位を賭けて勃発した日露戦争を通して、少なくともロシアに対する日本の優位を確保した。さらに朝鮮に対する日本の排他的影響力は、「桂・タフト協定」(一九〇五年)によって米国からも承認を得た。日本近代史において日清・日露戦争の勝利は、従来、日本よりも強大国とみなされた清国やロシアに対する日本の勝利であり、日本が生存を確保し、欧米列強に並ぶ大国を志向する重要な契機になったと解釈される。

日本から見ると、「朝鮮の近代化はどうも頼りにならない。今のままでは清国・ロシアの支配下に置かれてしまう。そうなると、日本の安全保障にとって重大な危機になる」。したがって、日本は朝鮮に対する排他的影響力の確保を目指すことになった。このように一連の過程は、日本の安全保障政策の帰結として位置づけられる。

しかし、朝鮮半島からの見方は異なるものにならざるを得ない。

朝鮮にとっては、近代化を通した自立の可能性を摘み取った張本人が、まさに日本であった。

にもかかわらず日本は、あたかも、日本がいなければ朝鮮が清国やロシアによって支配されていたかもしれないというような見方をする。だがそれは、自らの侵略行為を正当化する許しがたいものである。自国の安全保障のためだったという理屈かもしれないが、日本は朝鮮の自立、近代化の機会を奪ったのであり、それ自体、道義的に正当化できない侵略行為にほかならない。しかも当初は、欧米列強に対抗するために協力するという姿勢を示しておきながら、次第にその協力を放棄するのみならず侵略するという「裏切り」行為をした。「安心させて騙しておいて隙をついて侵略した」という点で、国家としての道義性を問題視するのだ。したがって、日本は元来、朝鮮に対する侵略欲を持っており、そうした欲望にしたがって計画的に朝鮮を侵略し支配下に置いたのだと解釈される。

植民地化という歴史的経験

こうした認識の違いが、日本の植民地化の過程をどのように見るのか、特に、その違法性をどのように見るのかという問題の背景となる。

自国が追求した安全保障政策のやむを得ざる帰結であったとみなす日本は、その違法性如何《いかん》といった問題意識を微塵も持たなかった。そして、一部の「親日派《チニルパ》」(日本の支配を積極的に受け入れた人たちであって、「民族の裏切り者」に位置づけられる)を懐柔し「併合」という形式で支配するに至ったのである。

それに対して、南北朝鮮から見ると、日本の植民地支配過程における道義に反する側面を問題視し、それを「違法性」として批判するのである。支配されたくないという朝鮮の意思にもかかわらず、その意思に反して、無理矢理、力ずくで支配するに至ったとみるのである。それこそが、まさしく「違法」であるという判断につながる。植民地支配それ自体の違法性のみならず、植民地支配に至る過程の違法性をなぜ南北朝鮮が問題視し続けるのか。それに対して、日本ではなぜこの問題にある意味で「鈍感」なのか。この背後には、こうした歴史観の乖離が存在する。

朝鮮の形式的な自立を認めたうえで、日本の排他的影響力を行使するという可能性、具体的に言えば、朝鮮を「保護国」とするという可能性も残されていた。実際に伊藤博文らは、その方が日本の影響力を低費用で行使することができると主張した。しかし、そうした日本の動きに対する朝鮮の抵抗運動が高まる中、日本では、「保護国」として形式的独立を維持したまま実質的な支配下に置くだけでは不十分であり、形式的独立さえも奪うまで支配を貫徹するべきだという意見が圧倒した。そして、「韓国併合条約」という名の、両国政府の合意に基づく併合という形式を取ったが、実質的には強制による支配を貫徹したのである。

それに対して、この併合は強制された違法なものであるという見方が、朝鮮民族による抗日独立運動では共有された。この見方は、一九五〇年代以後の日韓国交正常化交渉における韓国の立場にも継承された。

このように、朝鮮の自立的近代化を日本は否定した。それから一世紀以上を経過した今日においても、日本と韓国、北朝鮮との間に横たわる歴史問題として、こうした経験はいまだに生きている。

第三節　日本の植民地支配とその帰結——究極の非対称性

植民地社会の構成

一九一〇年から四五年までの三五年に及ぶ日本の植民地支配の特徴として、次の三点を指摘することができる。

第一に、海を挟んだとはいえ隣接していたために、日本から朝鮮へ相当数の人が移住し居住したという点である。

移住は一九一〇年以前からも行われていたが、一〇年以後は日本から朝鮮に移住する人口は急増し、最盛期である四〇年代初頭には約七五万の日本人が朝鮮に居住した。朝鮮人人口は日本統治期には、大体二〇〇〇万人から三〇〇〇万人の間を推移したので全人口の三%前後を構成したことになる。

移住した日本人が植民地朝鮮社会の中で上層部の地位を占めていたことは言うまでもなかった。朝鮮総督府の高級官僚がほぼ日本人によって占められていたし、植民地地主・小作関係や資本家・労働者関係など、社会経済領域でも日本人が優位を占めていた。したがって、「異民族支配」という性格を持っていたことは間違いない。

だからといって、朝鮮人地主や朝鮮人資本家がいなかったわけではもちろんない。特に、朝鮮の工業化に伴って工場経営、企業経営に乗り出した資本家も少なからず存在し、その一部は解放後の韓国の経済発展を牽引することになった。その意味で「民族資本」は育っていたのである。ただし、そうした「民族資本」が成長するためには、日本の植民地権力と対立するというよりも、それと相当程度良好な関係を維持し、利用する必要があったという点は留意されるべきだろう。

開発と経済発展

第二に、日本の支配統治機構である朝鮮総督府は、支配統治機構として治安機能を担ったのはもちろんだが、それのみならず、東洋拓殖会社のような国策会社と共に、植民地朝鮮の工業化などを「政府」主導で行い、朝鮮の「経済発展」を企図する「開発指向型国家(developmental state)」としての役割を果たした点である。

植民地朝鮮は、日本を中心とする国際分業体制に組み込まれ、特に一九三〇年代以降、日本の大陸侵略が本格化するのに伴い、朝鮮はその兵站基地として位置づけられ、戦争遂行に必要な軍需物資を生産し供給する役割を担わされることになった。その結果、植民地支配によって、朝鮮が工業化、近代化されたのである。

こうした問題に関わる論争が、その後、韓国が開発途上国の中でも飛び抜けた経済発展を達成したことを受けて、一九八〇年代以後、「植民地近代化(工業化)論(colonial modernization (industrialization))」として、韓国の内外で提起されることになった。それ以前、韓国では、日本の植民地支配は朝鮮を「収奪」することで、近代化を阻害して経済的停滞をもたらしたという議論が支配的であった。それに対して、植民地朝鮮では工業化や経済発展が生じているということに注目し、それを実証的に明らかにするとともに、そうした植民地支配下の朝鮮の発展と一九六〇年代以降の韓国の経済発展との間には何らかの共通パターンが存在することに注目したのが、この「植民地近代化(工業化)論」である。

統計によれば、植民地支配期(一九一二~三九年)のGDP(国内総生産)の年平均増加率は鉱工業、電気ガスおよび建設業で、それぞれ九・四%、九・二%であった。特に三〇年代に入ると、増加率はこれよりも高く、三九年では、それぞれ一三・五%、一四・五%を記録している。これは一九六〇年代における成長率にほぼ匹敵する数値である。ただし、こうした経済発展に伴って、それに見合った形で植民地朝鮮の人たちの生活水準も順調に上昇していったのかについては留保する必要がある。日本人と朝鮮人という民族的な違い、さらに同じ朝鮮人の中でも階級による違いがあり、その底辺に位置づけられた小作農や工場労働者が、こうした経済成長の果実を相応に享受したとは言い難いからである。実際、特に、三〇年代後半以降の戦時体制下においては、日本内地も同様ではあるが、朝鮮における一人あたりの食物摂取カロリーは低下せざるを得なくなったのである。

こうした「植民地近代化(工業化)論」をめぐっては、それに反駁する有力な議論が韓国国内で提起されてきた。また、反対に、日本の一部では、それに「便乗」して、「日本の植民地支配は朝鮮の経済発展に貢献した」という「俗説」的な見方も提起されることになった。以上のように、植民地朝鮮の経済をどのように評価するのかという問題も、韓国国内において、そして日韓をまたがって提起される問題であり、今日における日韓の歴史問題の背景を構成する。

また、別の議論であるが、日本支配下の植民地朝鮮において、従来の伝統的な規範や価値観に代わり近代的な規範や価値観が受容されるようになったことに注目する「植民地近代性(colonial modernity)」の議論も韓国の内外で提起されるようになっている。日本の植民地支配が、伝統社会から近代社会への移行期と重なっていたために、植民地朝鮮と「近代」との関係をどのように考えるのかは、植民地支配に対する評価とも相まって論争的なテーマを提供している。

朝鮮人内部での亀裂

第三に、その結果として、支配する「日本人」とそれに抵抗する「朝鮮人」という民族的な亀裂が植民地朝鮮社会に刻印されたことはもちろんだが、朝鮮人内部にも、日本の支配に相対的に協力したのか、もしくは抵抗したのかという違い、さらに、近代化や工業化に伴う階級的な亀裂が存在していたという点である。

こうした社会的亀裂は、抗日運動における左右の対立に反映されたし、独立後の国家のあり方をめぐる左右の対立の背景ともなった。朝鮮半島における南北分断体制は一義的には米国とソ連の分割占領と米ソの対立に起因したものであるが、それに呼応する内部の亀裂が植民地朝鮮社会に既に存在していたことも無視できないのである。

また、日本の支配にどの程度積極的に協力したのかをめぐって、南北朝鮮においては「親日派」という問題が提起される。日本の植民地支配を大韓帝国の側から積極的に推進した人たちはもちろんだが、日本の植民地支配の過程で総督府の官僚や憲兵として積極的に支配に関わったような人たち、さらに、日本の植民地権力との「協力」関係に基づいて「蓄財」「資本蓄積」したような人たちなど、日本の植民地権力と相対的に「近かった」人たちが、解放後の南北朝鮮において「親日派」、もっと明確に換言すれば「民族の裏切り者」として批判対象となったのである。そして、そうした批判や断罪がどの程度徹底して行われたのか、もしくは行われなかったのか、さらに、植民地期の政治経済エリートと解放後の政治経済エリートとの間に相当程度連続性があったのかなど、基本的には韓国の国内問題ではあるが、日韓関係にも重大な影響を及ぼす問題として浮上していくことになる。

「武断政治」期

こうした特徴を持つ植民地支配は、大体三つの時期に分けられる。

第一期は一九一九年に至る時期であり、力による「武断政治」によって抗日運動を物理的に弾圧して支配を確立する時期である。その帰結が一九年の三・一独立運動の勃発であった。経済的には、土地調査事業が行われ土地所有権が確定することで、植民地地主・小作制度が定着する過程でもあった。

三・一独立運動は、第一次世界大戦後に米国のウィルソン大統領が提唱した民族自決主義に刺激を受け、独立宣言を起草し、国際社会に対して朝鮮独立を広く訴えた。そして、一〇〇万から二〇〇万の人がその運動に加わり朝鮮内部で独立運動が高揚したため、朝鮮総督府は、それを暴力的に弾圧する必要に迫られたのである。韓国では、その結果七五〇九人の死者が発生したというのが定説になっているが、日本の官憲資料では、犠牲者はその一〇分の一以下と記録される。

三・一独立運動は弾圧されたが、それを契機に中国上海に「大韓民国臨時政府」という「亡命政権」が樹立された。しかも、従来の君主制ではなく、共和制がいち早く採用された点に特徴がある。これは一九四八年に建国された大韓民国にも継承された。大韓民国臨時政府は主要国などによって国際的に承認されたものではなかった。第二次世界大戦で「対日宣戦」を布告したが、連合国の一員として認められたわけではなく、国際政治上特筆すべき重要な役割を果たしたとは言い難かった。にもかかわらず、日中戦争の勃発に伴って、中国国内の拠点を転々とし、最終的には重慶を拠点として大韓民国臨時政府が存続したことは、韓国現代史において少なからず重要な意味を持つ。実現はしなかったが、サンフランシスコ講和会議への招聘と平和条約への署名の可能性が議論されたのは、大韓民国臨時政府が存在し「対日宣戦」を布告したからこそであった。

さらに、現在の韓国では、大韓民国の起源を一九四八年という分断国家としての大韓民国の成立に求める従来の正統な歴史観とは異なり、分断以前の一九一九年の大韓民国臨時政府に求める歴史観も提示される。前者はあくまで「自由民主主義」に基づく反共国家としての韓国という国家のあり方を強調しようとするものであり、主として保守派の歴史観を示すのに対して、後者は分断される以前のあるべき統一国家に起源を求めようとするため、進歩リベラル派の歴史観を示すことが多い。

「文化政治」期

第二期はいわゆる「文化政治」と呼ばれる一九二〇年代であり、力による弾圧だけでなく、一定の範囲内ではあるが懐柔的な支配政策が採用された時期である。

朝鮮総督府は、一九一〇年代は抗日独立運動を一切許さず、強権的な弾圧を行うという「武断政治」を基本方針としていた。しかし、それが三・一独立運動を生むきっかけとなったという「反省」に基づき、被支配民族である朝鮮民族に対して、弾圧一辺倒ではなく懐柔という方法を通して、朝鮮語メディアを許容するなど、一定の「活動空間」を付与することで、植民地支配を安定化させることをねらったのである。さらに、そうした政策の背景には、食糧問題を解決するために朝鮮を日本の食糧供給基地として位置づける「産米増殖計画」があった。二〇年代に入って日本が工業化や経済発展をするにつれて、日本国内での生産による食糧供給が需要に追いつかなくなったので、朝鮮を日本中心の国際分業体制の中に食糧供給基地として位置づけることで、積極的な経済的動員を企図したのであった。

その一方で、一九二三年の関東大震災時に「朝鮮人が井戸に毒を投げ込んだ」という流言蜚語などに起因して、多くの朝鮮人が日本の官憲や民間の「自警団」などにより殺害されたという悲劇も起こった。犠牲者は数百人から数千人の規模に及んだと推定されるが、近年の日本では、こうした歴史的事実を否定しようとする動きも見られる。これは、当時の日本社会において少なからぬ朝鮮人が居住していたこと、にもかかわらず、日本社会において、そうした民族的少数者が「危険な差別対象」として見られていたことを示す。

また、一九一七年のロシア革命の成功により社会主義の影響力が増大するのに伴い、抗日運動にも左右への分化が生じ、その離合集散が展開された。そこには、朝鮮総督府による分断工作が作用していた。そして、公然とした抗日独立運動は朝鮮内部では存在し難くなり、その多くは海外に活動の場を求めざるを得なくなった。米国で活動した李承晩《イスンマン》、中国で大韓民国臨時政府を率いた金九《キムグ》などが代表的である。

「戦時総動員体制」期

第三期は、満州事変や日中戦争などを通して日本の大陸侵略が顕在化する時期であり、朝鮮が大陸侵略の兵站基地として位置づけられることで、戦時総動員体制に組み込まれることになる時期である。

朝鮮自体は戦場にはならなかったのだが、日本の戦争遂行のために多くの人的物的資源が動員された。特に、戦時期には日本の労働力不足を補うためにも、朝鮮半島出身者の労働力が、相当程度が強制を伴う形で動員され、最盛期には約二〇〇万人が日本に滞在し労働していたと推定される。

国家総動員法に基づく強制徴用が朝鮮に適用されたのは一九四四年であったが、それ以前には、三九年から朝鮮の労働力を日本内地に動員する労務動員が本格的に行われるようになっていた。そして、こうした労務動員が炭鉱労働など劣悪な環境で行われていた。この問題をめぐり、本人の意思に基づく「出稼ぎ」のような形態が多く強制は顕著でなかったと見るべきだという見解に基づき、二〇一八年以降、日本政府は「旧朝鮮半島出身労働者」という言葉を使うべきだと主張する。確かに「強制徴用」の対象となった「徴用工」という定義に当てはまるのは限定的であるが、三九年以後行われた労務動員には強制的な要素があったことは否定できない。

また、部分的ではあるが、朝鮮人を軍事的に動員することも行われた。まず一九三八年以降、志願兵の募集という形で行われ、そして、四四年からは朝鮮人にも徴兵制度が適用されるようになった。戦後の厚生省の調査では、軍人軍属として動員された朝鮮人は、三六万にも及んだ。そうした人たちの中には、戦後、連合国軍による裁判でBC級戦犯として罪に問われ、中には処刑された人もいた。

また、戦争遂行の一環として日本軍「慰安婦」制度が設けられ、それに朝鮮人女性が少なくとも本人の意思に反したという意味で「強制的に」動員されたのである。全体として数万人規模の日本軍「慰安婦」が動員されたが、そのうち、半分に満たない程度が朝鮮人女性であったと推定される。こうした事実は、それ以前からもある程度知られていたが、一九九〇年代以降、韓国の民主化や戦時下の女性の人権をめぐる国際規範の確立などの変化により、韓国で元「慰安婦」女性の「カミングアウト」が相次ぐことによって顕在化し、日韓間の政治問題として台頭することになったのである。

以上のように、植民地支配それ自体に起因するという側面もあるが、特に日本が戦時体制に突入し植民地朝鮮に対する動員の強度が増すことによって、今日、日韓の歴史問題の直接的な起源となる、「強制動員」「慰安婦」などが顕在化したのである。

動員された人たちの数がどの程度であったのか、その動員の強制性がどの程度のものであったのかをめぐり、日韓の間には意見の乖離がある。韓国政府や社会では、例えば、「慰安婦」が最大限二〇万人にも及ぶというような極端な見方もあるように、数を多く見積もる傾向があるのに対して、日本政府や社会の一部では、それを相対的に少なく見積もる傾向にある。さらに、韓国政府や社会では相当程度の割合で強制性があったという事実を根拠に、ほぼすべてに強制性があったと解釈する傾向があるのに対して、日本政府や社会の一部では強制性が低かった一部の人たちが存在することを根拠に、全体に及ぶ強制性に対して疑問を提起する傾向にある。こうした違いも、日韓間の歴史問題の原因となっている。

さらに、朝鮮が日中戦争の兵站基地になることは、戦争に必要な物資を朝鮮で生産することを意味する。したがって、工業化、しかも特に地下資源の豊富な北部では重化学工業化が推進されることになった。その意味で、植民地朝鮮において相当程度の工業化が推進されたことは確かである。ただし、これは、どこまでも日本の戦争遂行のためのものであり、朝鮮自体の自立的な産業構造が形成されたわけでは決してなかった。

その意味では、徹頭徹尾朝鮮は日本によって利用されたわけである。朝鮮自体が近代化、工業化を通して日本と同等な経済力を身につけたわけではなかった。非対称な関係の中で一方的に利用されたという関係性であった。

また、こうした総動員体制の一環として、従来以上に朝鮮人を日本人に「同化」するための政策が採られた。日本内地と朝鮮との一体化を意味する「内鮮一体化」のため、朝鮮人にも天皇制支配における臣民としての教育である「皇民化教育」が強化されたり、朝鮮人の姓を日本式の姓に改めさせる「創氏改名」も実質的に強制されたりした。

ただし、こうした「同化」政策は、日本人と朝鮮人とを同等に扱うというものでは決してなく、戦争遂行のために必要な朝鮮の人的物的資源を可能な限り動員するための手段でしかなかった。その意味で、朝鮮人の民族性を抹殺するものだったと、後世から評価されても致し方ないものであった。

第二章　冷戦下における日韓関係の「誕生」
──一九四五～七〇年

1965 年 6 月 22 日，日韓基本条約調印式で関係公文を交換する椎名悦三郎外相(右)と李東元外務部長官(左)(提供：朝日新聞社)

戦後の再出発

一九四五年八月一五日、日本の敗戦に伴って朝鮮は日本の支配から解放された。と言っても朝鮮半島には約七〇万人の日本人が、さらには満州にはそれ以上の二〇〇万人弱の日本人が居住しており、そうした人の一部は陸路、朝鮮半島を通って日本への引き揚げを行った。朝鮮総督府は統治機構ではなくなったが、そうした引き揚げのための最低限の行政機能を担当しなければならなかった。

ただし、朝鮮人政府が成立して即時独立が達成されたわけではなかった。既に、連合国である米ソの間で朝鮮に関して北緯三八度線を挟んで、以南を米国が、以北をソ連が、それぞれ分割占領することが合意されていたからであった。こうした米ソの分割占領以後、戦後世界秩序をめぐる米ソの対立が激化する中、一九四八年八月一五日に大韓民国(韓国)、九月九日に朝鮮民主主義人民共和国(北朝鮮)という分断国家がそれぞれの占領地域に成立した。

その後、一九五〇年六月二五日に朝鮮戦争が勃発、日本は米軍を主軸とする国連軍の出撃基地、兵站基地となる中、五一年に米国の仲介によって日韓国交正常化交渉が開始された。本章では、六五年に妥結された日韓国交正常化交渉の過程を考察する。そして、戦後日韓関係が本格的に再出発するうえで、何が解決されたのか、何が解決されずに積み残されたのかを明らかにする。

第一節　日韓関係の初期条件

南北分断体制と戦後の国際環境

日本の敗戦に伴って、朝鮮は植民地支配から解放され分離された。しかし、それは独立ではなかった。朝鮮は米ソの分割占領を経て、韓国、北朝鮮という二つの国家が成立、南北分断体制になったのである。

そうした韓国、北朝鮮は共に、日本との外交関係はなかった。しかし、北緯三八度線以南の南部朝鮮は、日本と同様米国の占領下にあったために、過去から完全に切断されたわけではなかった。日本との事実上の貿易は存続していた。さらに、満州や朝鮮にいた日本人の引き揚げ、逆に日本にいた朝鮮人の帰還をさせなければならなかった。このように、日本と朝鮮とは分離されたとはいえ、貿易や人の移動など事実上の関係を持たざるを得ず、共通の占領主体である米国が仲介する形で関係を維持したのである。

さらに、韓国、北朝鮮は植民地支配からの解放を実質化するため「植民地支配の残滓の清算」に取り組んだ。ただし、少なくとも出発点としては、そうした植民地支配の遺制を継承せざるを得なかった。要するに、植民地支配の遺制を継承しながら、それを清算するという課題に取り組むことになった。したがって、植民地支配の清算には自ずから限界があった。清算の対象であったとはいえ官僚制度、軍隊などの連続性は部分的にせよ存在したからである。

北朝鮮における「親日派」の清算や土地改革などは、ソ連占領行政の支援も受け、それほど大きな摩擦もなく比較的順調に行われた。ただ、のちに顕在化する金日成《キムイルソン》の個人崇拝の方式などは、主にソ連のスターリンの個人崇拝を模倣したわけだが、一部には日本の天皇制の支配様式を利用した側面も見られた。また、植民地支配の末端で住民統制の役割を果たした水利組合などの組織は温存され、ソ連占領、そして北朝鮮の統治のために利用された。

それに対して、韓国では、米軍政が自らの支配を効率的に行う目的で既存の政治経済エリートを利用しようとしたこともあり、政治経済エリートは、日本の植民地期と独立後とで相当程度の連続性を持つことになった。初代大統領になった李承晩は抗日独立運動の英雄であったが、それを支えていた主要な国内勢力は、植民地期における政治経済エリートであった。言い換えれば、李承晩は欠落した国内的基盤を獲得するために、政治経済エリートは自らの地位を維持するために、相互に利用し合ったのである。

一九四八年八月一五日に大韓民国が樹立される。そして、日本も、五一年にサンフランシスコ平和条約を締結し、ＧＨＱ（連合国軍最高司令官総司令部）の占領統治から外れ主権を回復する。そして既に、四九年、韓国政府はＧＨＱとの「外交」関係を担当するために、東京に「駐日代表部」を設置、それが日韓関係に関する韓国側の窓口を担当することになった。

日韓共に必要な物資をすべて国内で調達できるわけはなく、通商関係は継続せざるを得なかったため、外交関係がないにもかかわらず、一九四九年以降は日韓通商協定を締結した。一九四九年度協定の最初の交渉は、主として韓国政府とＧＨＱとの間で行われたが、翌五〇年度協定の交渉は、実質的に日韓両政府間で行われ、協定が締結されたのである。

当初、米国の対アジア政策の主軸は、連合国の一員であった蔣介石国民党政府の「中華民国」になることが予定されていたが、日中戦争終戦後の国共内戦の結果、国民党政府は敗北し台湾に拠点を移した。そして、大陸では一九四九年一〇月に毛沢東率いる中国共産党が「中華人民共和国」を建国した。このようにして、ソ連のみならず、北朝鮮、中国という順番で次々に「共産党」政権が成立した。冷戦体制下、東西両陣営の対立が激化する中、米国の対アジア政策の中心は日本に移っていった。それに伴い、対日占領政策も、第二次世界大戦を招来した軍国主義日本の民主化を優先する政策から、日本を反共陣営の主軸に位置づけることを優先する「逆コース」の政策へと転換したのである。

日米韓の戦後構想

大韓民国が成立し、さらに、日本の主権回復が迫ると、日韓間の仲介役を果たす米国の役割も限定的なものにならざるを得なくなる。戦後の日韓関係をどのように構想するのかが、日韓双方、そして、日韓双方の「後ろ盾」となった米国によって模索された。

日本からすると、大日本帝国の後背地であった中国東北部が失われた中、朝鮮半島南部はそれでも重要な後背地の一部になり得た。ただし、脱植民地化された韓国との間で、どのような関係を再構築するのかをめぐっては明確なヴィジョンがあったわけではなかった。戦前のように日韓がある種の国際分業を構成することにならざるを得ないという構想があったが、それを日本の方から積極的に提示するわけにはいかなかった。せっかく脱植民地化した韓国がそれを受け入れるわけはなかったからである。

それに対して、より明確に日本と韓国との関係の再構築を志向したのは米国であった。米国は、ソ連、北朝鮮、中国と、北東アジアにおける共産主義陣営の拡大に対抗するために、「反共の防波堤」である韓国を支えることが重要であった。それと共に、「反共陣営の主軸」である日本の戦後復興を急がせるためには、日韓の軍事的、経済的分業関係を再整備することが重要だと考えた。それは、ある意味では戦前戦中の日韓関係を部分的に復元することを意味した。

これに対して、韓国は米国の援助に依存しなければならないことを前提としたが、日本に安易に依存しない自立的な体制を構築することを優先的に考えていた。したがって、米国の戦後構想との間には相当程度の乖離があった。

このように日米韓の間で、日韓関係に関する構想をめぐって乖離があった。しかし一九五〇年代に入ると、日韓関係の再構築を事実上余儀なくされる事態が起こった。朝鮮戦争の勃発である。

第二節　日韓国交正常化交渉Ⅰ——一九五〇年代

朝鮮戦争の勃発

一九五〇年六月二五日、北朝鮮軍(朝鮮人民軍)が北緯三八度線を越えて南侵することで、朝鮮戦争が勃発した。四九年までは北朝鮮の南侵への支持に消極的であったスターリンが、自国の原爆開発と中華人民共和国の成立を契機に南侵のゴーサインを出したことで、金日成は念願であった南侵による朝鮮半島統一を実現しようとしたのである。ただし、スターリンは北朝鮮への全面的な支援を約束したというよりも、中国の支援をあてにした。建国直後の中国政府内には、「朝鮮戦争」が米軍との全面対決を招来するかもしれない、そして「台湾侵攻」の機会を逸してしまうかもしれない、などの消極論もあった。しかし、毛沢東は中国軍(人民志願軍)の参戦を決断した。

問題は、米軍の参戦可能性をどの程度見通していたのかという点である。米国は一九四九年六月、在韓米軍の撤退を発表した。米国としては、李承晩政権が掲げる「北進統一」に「巻き込まれる」ことを回避するという思惑もあった。さらに、翌五〇年一月にはアチソン米国務長官が、朝鮮半島を米国の防衛線の外側に位置づける演説を行うことで、朝鮮半島での軍事衝突に米国は介入しないのではないかという「楽観的期待」を、北朝鮮、中国、ソ連がある程度共有したとも考えられた。

しかし、朝鮮戦争の勃発は、それまで曖昧であった韓国防衛に対する米国の関与を明確なものにした。米国はソ連欠席中の国連安保理を招集し、北朝鮮の朝鮮人民軍に対抗するべく英国など全一六カ国からなる国連軍の結成を決定、本格的な参戦を決断した。そして、この戦争遂行のために占領下の日本を出撃基地として利用するのみならず、日本は国連軍の戦争遂行に必要な物資を生産する兵站基地にもなった。太平洋戦争に際して「戦争国家」であった日本は、敗戦を契機に、戦後、日本国憲法下で「平和国家」として再出発することになったが、結局、朝鮮戦争によって「基地国家」になったのである。また、北東アジアにおける反共陣営の一員としての日韓の結束強化のためにも、さらに、日韓共に経済復興によって共産主義の浸透を防ぐために必要な政治的安定を確保するためにも、日韓関係を正常化させ経済協力を促進することが重要だと考え、そのための仲介の労を米国が取ることにしたのである。

日韓会談の開始とその背景

日本の保守政権も、韓国の李承晩政権も、米国との関係を外交安全保障政策の基軸としたため、予備会談を経て一九五二年、国交正常化のための日韓会談が開始された。しかし、日韓の思惑には乖離があった。

日本政府は、戦後も朝鮮半島に戻らずに日本にとどまった在日コリアンの処遇問題や、李承晩大統領が日韓の間の海上に一方的に引いて日本漁船の締め出しを図った「李承晩ライン」問題など、緊急に韓国と交渉するための会談が必要だと考えた。

それに対して、韓国政府は、日本との新たな関係を構築するためには過去の共有された歴史を清算し、脱植民地化を事実としてのみならず法的にも完成させる必要があった。特に、北朝鮮との体制競争に直面する韓国にとって、日本からの徹底した脱植民地化を実現することは、妥協できない課題であった。

さらに、朝鮮戦争に伴って、反共陣営の軍事力を強化するためにも、米国は、日本を徹底的に「非軍事化」させるという目的を放棄した。日本の保守政権もそれに呼応して、警察予備隊を創設し、それを保安隊、自衛隊へと改組することで、「再軍備」へと舵を切った。朝鮮戦争にこうした日本「軍」が制度的に参戦することはもちろんなかったが、近年の研究では、在日米軍基地従業員など、何百人規模の日本人が米軍支援や「水先案内」の役割を果たすために「参戦」し、どんなに少なく見積もっても、五七人が「戦死」したことが明らかになっている。朝鮮戦争の勃発に際して、中ソと北朝鮮との間では戦争開始前に、米軍の参戦のみならず日本の参戦可能性が議論されたことがあった。さらに、開戦後は、日本軍が実際に参戦していると批判していた。このように、日本が「非軍事化」されたとはいえ、北朝鮮や中ソにとって支配的な対日イメージは戦前の軍国主義国家日本であったことを示している。

こうした対日イメージは韓国においても例外ではなかった。朝鮮戦争の最中、仮定の話とはいえ「韓国支援のために日本が参戦してくれるとしても、(日本軍が再び朝鮮半島に上陸することになるので)韓国は日本と戦火を交えて追い返す」とまで言い放ったとされる李承晩政権にとって、同じ反共陣営の一員とはいえ、再軍備した日本の軍事的脅威は意識せざるを得ないものだった。李承晩にとって、かつて自国を支配した日本への警戒を怠らないという意味での「反日」も、「反共」に優るとも劣らない重要な課題であった。

李承晩のこうした厳しい対日姿勢は、一九五三年一月、米国の仲介で訪日して行われた吉田茂首相との会談で何ら成果が得られなかったことによって、より一層強められたと言われる。

また、李承晩政権が、五五年、米国の保証に基づいて日韓が不可侵を約束することを目指す日米韓不可侵協定の交渉案を米国アイゼンハワー政権に提示したことは、韓国が米国の保証に基づく日本に対する安全保障を構想していたことを示す。さらに、反共陣営の結束強化、そして政治的安定のために必要であるとはいえ、日本との経済協力は、韓国経済が再び日本を中心とする国際分業体制に従属的に組み込まれることになるのではないかという憂慮を韓国に持たせることになったため、米国が仲介する日韓の経済協力にも韓国は警戒感を隠さなかった。

したがって、李承晩政権は、一方で日本を反共陣営の主軸に据えようとする米国に対して、韓国の戦略的価値を高め、韓国こそがその任に当たるのが適切だという姿勢を誇示しようとした。李承晩政権による韓国主導の太平洋同盟構想の提案（一九四九年）やラオスなど東南アジアへの派兵提案（五四年）には、そうした韓国外交の狙いが込められていた。他方で日韓分業体制の構築を急ぐ米国に対しては、あくまで韓国経済の自立が先決であるとして抵抗した。朝鮮戦争後の韓国の戦後復興に必要な物資を、米国が日本から調達しようとしたことに対して、李承晩政権が抵抗姿勢を示したことは、そうした意図の現れであった。

日韓の国際分業は経済的な側面が可視的ではあったが、それにとどまるわけではなかった。軍事的にもある種の分業体制に組み込まれることになった。一九五一年の日米安全保障条約、五三年の米韓相互防衛条約によって、軍事的にも日韓の分業関係が確立されることになった。

中ソの支援を背景とした、朝鮮戦争型の北朝鮮の南侵を抑止し対抗するために、米国は韓国に米軍を駐留させ、韓国軍と協力して朝鮮半島有事に対応しようとした。そして、日本に米軍を駐留させ自衛隊と協力して日本防衛の責任を担うとともに、朝鮮半島有事に際して在日米軍が在韓米軍の後方支援を担い、朝鮮半島に出撃し在韓米軍に協力しようとするものであった。以上のように、日韓は何ら軍事的な取り決めがないにもかかわらず、それぞれの駐留米軍を通して国際的な安保協力の枠組みに組み込まれたのである。

こうした事実上の関係は、それ以後制度化されることになった。一九六〇年一月六日、藤山愛一郎外相とマッカーサー駐日米大使との間で交わされた、日米安保関係における「朝鮮議事録」である。日米安保条約によれば在日米軍が日本の外に出撃する場合には日本政府との事前協議が必要なのだが、朝鮮半島有事においては自動的に日本政府が承認するという約束を交わしたものであった。日本が朝鮮半島有事の「基地国家」であるという構図が、朝鮮戦争以後も制度化されたのである。

サンフランシスコ平和条約

朝鮮戦争の真っ最中に日韓会談は開始されたのである。ただし、全く白紙の状況から交渉が開始されたわけではなかった。なぜならば、第二次世界大戦を終結させるために、戦勝連合国と敗戦国日本との間で締結されたサンフランシスコ平和条約が、日韓会談の枠組みをあらかじめ設定したからである。サンフランシスコ平和条約第四条において、米軍政が行った南朝鮮における日本関連財産の没収などの措置を日本が承認することを明確にしたうえで、連合国は対日戦時賠償を放棄した。そして、日本の植民地支配から独立した韓国のような国と日本との間での経済的価値の移転をめぐる問題については、二国間の交渉に委ねることになった。換言すれば、植民地支配や戦争に起因した関係は未解決だとして二国間の交渉に委ねられたのである。

サンフランシスコ講和会議に韓国は招聘されなかった。したがって署名国でもなかった。日本の立場からすると、韓国は日本の支配下に置かれ、交戦したわけではなく、韓国がサンフランシスコ講和会議に戦勝国の立場で参加するというのは理解し難かった。

しかし、米国としては南北体制競争下の韓国への助力の意味を込めて、一時は参加の可能性も検討した。日本も米国の意向に従わざるを得ず、「在日韓国人」に戦勝国国民としての法的地位を認めないという条件の下で、参加を認める可能性を示唆した。

しかし、結局、韓国は招聘されなかった。この背景には、中国の代表権をめぐり中華人民共和国を認めない米国と、認める英国との対立の影響があった。さらに独立した植民地が宗主国に対して戦勝国の立場に立つことを認め難いとする、植民地帝国であった英国の意向も強く働いた。この結果、韓国は「戦勝国」に匹敵するような地位で、日本に対して賠償的、懲罰的な請求をすることはあらかじめ排除されたことになる。

ただし、日韓両国は、日本が三五年間朝鮮を植民地として支配したことに起因した、強制を含んだ経済的価値の移転を、どのように評価したうえで清算するのかという課題を共有することになったのである。

「対日請求権」

日韓会談の課題は多岐にわたった。植民地支配およびそれ以前の時期において、日本と朝鮮との間で多くのヒト、モノ、その他経済的価値が往来した。現在でも日本に多くの在日コリアンが居住するように、完全に原状回復したわけではないが、ともかく、その原状回復をどのようにするのかを通して、過去の関係を清算することが目論まれたのである。朝鮮から日本に渡り、そのまま日本に残った在日コリアンの処遇をどのようにするのかが「在日韓国人の法的地位」問題であった。また、朝鮮から日本に持ち出された文化財のうち、どれをどのようにして韓国に戻すのかというのが、文化財返還問題であった。

そのうち、日韓会談において最も核心に位置づけられた問題が、植民地支配期に、日本と朝鮮との間で往来した経済的価値に関してであり、特に日本の政府や個人が植民地朝鮮から「強制的に」移転した経済的価値の内訳とその総額を金銭的に評価したうえで、原状回復としてその返還を求めることであった。それは「対日(財産)請求権」として設定された。米国政府および韓国政府の中で、ごく初期には、こうした日本から韓国への経済的価値の移転を、戦時「賠償」もしくは植民地支配に対する「補償」のような懲罰的な内容を含む名目で行うことも構想されていた。戦争責任を負うべき日本に懲罰を与える必要があるし、建国間もない韓国に積極的なテコ入れをする必要があると考えられたからであった。しかし、日本の戦後処理が連合国による対日賠償放棄という枠組みで行われたこともあり、公然と対日賠償を要求することは困難であった。さらに、植民地支配が植民地に損害を与えたものであり、それに対する補償を与える義務があるという考え方が国際社会に定着しているわけでもなかった。したがって、戦時賠償や植民地支配に対する補償というような包括的な権利義務関係として、韓国政府が日本政府に要求するということは困難になった。韓国政府も日韓交渉の開始時には、そうした構想を既に放棄していた。そこで次善の策として、対日請求権という名目を掲げることで日本に経済的価値の移転を要求することを選択したのである。

韓国併合の法的性格

それと関連して、もう一つ日韓間の争点となったのが、一九一〇年の「併合」に至る過程の法的性格であった。日本政府は、事実として「併合」が行われただけに法的にも成立していたとみなした。それに対して韓国政府は、この韓国併合条約およびそれに至る日韓間の協定締結が日本の強制によって行われたという意味で「併合」は違法なものであり、したがって、支配自体も違法状態がずっと続いていただけだと見た。四五年に日本の敗戦によって韓国は日本の支配から脱し、四八年には大韓民国が建国されたので、その時点で日本による支配の法的効力は消滅した。だが、一九一〇年に至る過程とそれ以後の三五年間の支配の法的性格をどのように見るのかという問題に関して、日韓間で乖離があったのである。

また、同じく基本関係に関わる問題として、韓国の管轄権の範囲をどのようにするのかという問題があった。南北分断体制下、韓国が管轄するのは軍事境界線以南だけであったが、北朝鮮は傀儡政権であり韓国こそが朝鮮半島全体を代表する唯一の合法政権であるという公式的立場を、韓国政府は堅持した。そして、それを日本にも認めさせようとした。日本政府は、まず韓国とだけ国交を樹立することを優先したが、だからといって、韓国が朝鮮半島全体を管轄しているというフィクションに同意するわけにはいかなかった。日韓国交正常化後の、北朝鮮との国交正常化の可能性も念頭に置いたからであった。

行き詰まりと久保田発言

このように多岐にわたる争点が日韓の間には横たわっていたために、交渉はなかなか進展しなかった。

特に、一九五〇年代の交渉は、交渉の入り口をめぐる争いに終始した。韓国政府は、日本の三五年にわたる支配によって韓国から相当程度の経済的価値が日本に移転したことを前提として、それを対日請求権として奪還することを目指した。それに対して、日本政府は、日本が鉄道敷設をはじめ朝鮮に投資したことなどを理由に対韓請求権を持つことを想起し、韓国の対日請求権との相殺もしくは相互放棄を主張した。

一九五三年第三次日韓会談における、日本側首席代表である久保田貫一郎による「日本が行かなければ、朝鮮は中国かロシアに支配されていた。日本は朝鮮に鉄道を敷設したりして相当の投資もした」などの発言はこうした主張を反映した。これに対して韓国政府は、日本は植民地支配の恩恵的側面だけを見て植民地支配自体に対する反省や謝罪の姿勢を全く見せないと受け止めた。久保田発言の撤回、さらに日本の対韓請求権主張の撤回を求める韓国政府に対して、それに応じない日本政府という図式が、会談の長期中断を帰結させたのである。

また、一九五二年に、李承晩政権は、漁業資源の保護と対日防衛を理由に、日韓の間の海上に設けた「平和線」(日本では「李承晩ライン」と呼ぶ)を境界とすることを一方的に宣言し、それを越境する日本漁船を拿捕し漁民を抑留した。それと共に、日韓の間で領有権を争っていた独島《ドクト》(日本名は竹島)を占拠することで、日韓間の緊張が高まった。

岸信介政権と「在日朝鮮人」帰還事業

こうした日韓関係の行き詰まりの打開が試みられる契機になったのは、一九五七年、日本における岸信介政権の登場であった。岸政権は、米国アイゼンハワー政権の仲介を受け入れ、久保田発言と対韓請求権の主張を共に撤回することで、日韓会談の再開にこぎつけた。

これによって日韓交渉は軌道に乗ると思われたが、うまくいかなかった。岸政権が行った北朝鮮への「在日朝鮮人」の帰還事業が、日韓対立を再燃させたからであった。

この事業は、「在日朝鮮人」自身の意思による帰国運動、韓国に対する北朝鮮の体制優位を示すために利用しあわよくば対日関係の改善を韓国よりも先行させようとする北朝鮮の思惑、そして日本国内において左翼の支持基盤を提供し、生活保護などで財政負担にもなっているという点で「邪魔者」である「在日朝鮮人」を本人の希望に沿う形で日本から「出て行ってもらおう」とする日本政府の思惑、さらに本人の希望による居住地選択を尊重するべきだという国際赤十字社の思惑、などが複雑に作用した。

そして、李承晩政権の猛烈な反対にもかかわらず、岸政権は事業を推進することを選択した。その結果、李承晩政権は再開したばかりの日韓会談の中断を通告したために、岸政権下での日韓交渉の進展は困難となった。

朝鮮戦争以後、一九五〇年代後半は、韓国よりも北朝鮮の方が、中ソや東欧社会主義「兄弟国」の積極的な支援などを受けて、戦後復興が順調に進んだ。また、第三世界に対する中国の影響力の増大などに便乗する形で、第三世界諸国の間での北朝鮮への相対的支持も獲得した。北朝鮮の修交国数は六〇年には一四カ国であり、韓国の修交国数一六カ国とほぼ拮抗していた。また、同時期は米ソ大国間の「雪解け」の時期であり、北朝鮮としても、それを利用した「平和攻勢」に打って出た。五五年二月、北朝鮮南日《ナムイル》外相による「対日国交正常化の用意がある」という「南日声明」は、その一環であった。日本との間での「在日朝鮮人」帰還事業は、こうした北朝鮮の「平和攻勢」の延長線上に位置づけられるものであった。

両義性を保った米国のスタンス

一九五〇年代の日韓関係は、冷戦体制と南北分断体制という与件の下、安全保障や経済協力に関する日韓双方の利益に基づき事実上の関係の再構築がある程度進んだ。だが、それは国交正常化という法的関係にまで進展しなかった。

李承晩政権が、不徹底な脱植民地化にもかかわらず事実上の関係再構築だけが進むことに警戒感を強めたのが主要因であったが、日本政府も韓国との国交正常化を急ぐ必要を感じていなかったからでもある。そして、何よりも、双方にとって、日韓関係は米国の仲介によって支えられており、国内政治上のリスクを取ってまで大胆に国交正常化交渉を進めるインセンティブを持ち合わせていなかった。米国としても、日韓双方に圧力をかけて日韓の対米世論を悪化させるというリスクを取ってまで、日韓関係の改善を強引に進める意思はなかったのである。日韓関係に関する米国の姿勢には、一貫して両義性が見られた。一方で、米国は日韓の間を仲介し、米国を中心とする反共陣営を強化するために、特に歴史に起因した日韓の対立を何とか緩和させようと説得作業を続けた。しかし、それは米国が日韓の対米世論を悪化させるという代償を払ってでも説得するというようなものでは決してなかった。日韓の歴史問題とはアイデンティティに関わる問題であり、利益供与で事足りるというものではなかったこともあるが、米国は、日韓関係に対する深入りを避けたのである。

米国にとって、もちろん対日、対韓関係にある種の序列があることは否定できないが、だからといって、常にどちらか一方の肩を持つわけではなかった。米国の介入によって日韓における国内世論が「反米」に傾斜することを恐れたからであった。さらに、米国にとって、日韓の間に「対立の火種」を残して、米国の支持をめぐって日韓を競争させた方が、米国の対日、対韓交渉力を確保するために有効だと考えていたからでもあった。

第三節　日韓国交正常化交渉Ⅱ——一九六〇年代

朴正煕《パクチョンヒ》政権の誕生

では、なぜ、行き詰まりに陥っていた日韓交渉が一九六五年に妥結され、日韓国交正常化が実現したのか。六〇年代に入り、日米韓すべてで政権交代によって新政権が登場したことは、やはり強調されるべきだろう。五〇年代の交渉の行き詰まりを突破するためには新たな政治主体の登場が必要であったからである。

韓国では、一九六〇年の四月革命により李承晩政権が打倒され、その後に登場した第二共和国の張勉《チャンミョン》国務総理ら民主党政権も、六一年、朴正煕を中心とする五・一六軍事クーデタにより打倒された。朴正煕政権の登場は日韓国交正常化交渉を促進する方向に働いた。

第一に、軍部に基盤を置いた権威主義体制であったという点である。

韓国国内では、日韓国交正常化の必要性を認めたとしても安易な妥協をするべきではないという慎重論が根強かった。しかし、軍事クーデタによって登場した朴正煕政権では、そうした反対論を抑えることが相当程度可能になった。一九六三年の民政移管に至るまでの軍事政権期には、ほぼ一切の政治活動が禁止されたが、その間隙を縫って日韓間の妥協を成し遂げた。民政移管後、六四年の六・三事態で頂点に達する日韓条約反対運動の高揚が見られたが、戒厳令の宣布によってそれを切り抜け、六五年六月二二日、日韓国交正常化をついに実現させた。

第二に、朴正煕政権の発展戦略が、日韓国交正常化に伴う経済協力を必要とした点である。朴正煕政権は経済発展を加速することで、少なくとも経済に関しては北朝鮮に対する劣勢を挽回することを優先した。そのために、日韓の経済協力を最大限利用することで工業化を進め、輸出を増大させて経済を発展させようとしたのである。

朴正煕という人物は、日本の植民地時代一九一七年に韓国亀尾《クミ》で生まれ、大邱《テグ》師範学校を卒業、教師生活を経て、四〇年新京(現・長春)の満州国陸軍軍官学校に入学、在学中に日本の陸軍士官学校にも留学し、卒業後、満州国軍人として任官した。こうした経歴から見てもわかるように、旧帝国軍人としてのエトスを相当に内面化した軍人であった。その後、解放直後は、兄の影響を受けて一時左翼に傾倒した。そして、済州島《チェジュド》の四・三反乱事件を弾圧するために派遣された、韓国軍の前身である南朝鮮警備隊の内部で左翼分子が起こした麗水《ヨス》・順天《スンチョン》の軍反乱事件に係累して無期懲役判決を受けた。しかし、韓国軍の中で一大勢力を誇示した満州国軍出身者の助力もあり赦免された。そして、最初は文民として軍に復帰、朝鮮戦争中に軍人として復帰した。しかし、左翼前歴という致命的な弱点を抱えていたために、その後、軍内における昇進などでは不利益を被らざるを得なかった。しかし、そうした軍内の非主流であったことが比較的クリーンな軍人だという評判につながり、自らの姪の夫であった金鍾泌《キムジョンピル》を中心とした陸軍士官学校八期生などに担がれ軍事クーデタの首謀者となり、権力奪取以後は一八年近くにわたり韓国を統治することになった。このように、朴正熙は日本との関係が深い同時代の韓国人の中でも、ひときわ日本とは特別な関係を維持した。日本に「弱腰」であったというわけでは決してなかったが、戦前の日本を熟知した政治指導者であったことは間違いなかった。

池田勇人政権とケネディ政権の誕生

日本の一九六〇年の安保改定をめぐる政治の混乱が、岸政権の退陣と池田勇人政権の登場を帰結させた。池田政権は、一方では日韓国交正常化が日本の安全保障にとって重要な意味を持つことを認識しながらも、冷戦体制に過剰に巻き込まれたくないという国内世論を考慮して、経済面での日韓協力を重視した。これは、日本の経済協力を韓国の経済発展に積極的に利用するという朴正熙政権の意図とも合致するものであった。また、池田政権の下で「高度経済成長」路線をひた走り、日本は以前より寛大な条件で対韓経済協力に臨むことを可能にした。日韓の経済協力によって、日本の製品市場として韓国を確保することで日本経済の発展に寄与するだけでなく、韓国の経済発展にも貢献し、それによる政治的安定を確保することで、共産主義の浸透を防ぐという戦略であった。

さらに、米国ではケネディ民主党政権が一九六一年に登場した。朝鮮戦争のように、中ソが一致団結して北朝鮮を軍事的に支援し、それを受けた北朝鮮が南侵するという可能性が、中ソ対立の顕在化などに起因して低くなった。そして経済的に北朝鮮より劣勢であり政治的にも不安定な韓国においては、貧困や政治的不安定が共産主義浸透の温床になってしまうので、経済発展こそが共産主義の浸透を抑制するために効果的であるという認識が、米国政府内部において台頭するようになった。ただし、経済発展のためにどのような政策が必要であるのかをめぐって日米韓の間で意見の一致が見られたわけではなかった。特に、朴正熙政権は初期に、経済的自立を急ぐために重工業を中心とした基幹産業建設を政府主導で推進するという戦略を一時模索し、援助の浪費につながるという米国の批判に直面した。

五・一六軍事クーデタ直後の一九六一年六月、日米首脳会談(池田首相・ケネディ大統領)で、日韓国交正常化を早期に妥結することに日米両政府が基本的に合意した。さらに一一月には朴正熙(国家再建最高会議議長)が訪日し池田と、続いて訪米しケネディとの首脳会談が開催された。

その結果、植民地支配に起因して韓国から日本に移転させられた経済的価値を、法的根拠があるものにかぎって日本が韓国に支払うという基本線で合意した。ただし、日本の積極的な対韓関与を求める米国の要求もあり、狭義の請求権だけを日本が弁済すれば事足りるということにはならなかった。日本側が提示したのは、経済協力という名目で韓国側の要求金額に近い経済的価値を移転することによって請求権を「解消」するという「経済協力方式」であった。

その後、第六次会談において、日韓双方は、日本から韓国に相当程度の経済的価値を移転するという点で合意した。残る問題は、その価値をどの程度のものとするのか、そして、その名目をどのようにするのかということであった。

「完全かつ最終的に解決」という合意

当初、朴正煕政権が念頭に置いたのは合計七億〜八億ドルという数字であった。それに対して、日本政府が念頭に置いたのは、その一〇分の一である七〇〇〇万〜八〇〇〇万ドルであった。その金額の乖離をどのように埋めていくのか、さらに、それをどのような名目とパッケージにするのかということに争点が集約されていった。具体的には、純粋な供与だけでなく返済義務のある借款を加え、さらに、その金利をどうするのか、借款を提供する主体をどうするのかなどが争点となった。

こうした過程で、韓国の被害者、債権者に個別に支払うという可能性も議論されたが、結局、朴正煕政権は、それを個人に分配するのではなく政府が一括して受け取り、のちに経済発展などで成果が上がり、ある程度国が豊かになってから個人に分配するということを主張した。対日請求権資金を経済開発のために利用するという韓国政府の意向を反映するものであった。また、そもそも法的証拠を明示して個人の債権を積み上げて全体の金額を算定することが、交渉当時、技術的にもほぼ不可能であると判断されたからでもあった。

戦時賠償や植民地支配責任に対する補償を日本が認めないということを与件とすると、請求権問題は過去の植民地支配を金銭的に「清算」するためのほぼ唯一の手段であった。「財産請求権」という言葉の文字通りの意味で法的な根拠と具体的な証拠の提示を求める日本政府に対して、韓国政府は具体的な証拠の挙証責任はむしろ日本側にあると主張した。韓国側には、日本の植民地支配が違法なものであり、それによって生じた損害賠償責任は日本側にあるはずだという不満がくすぶっていたからである。

一九六二年一一月、朴正煕と共に軍事クーデタを主導し政権のナンバー・ツーであった金鍾泌韓国中央情報部(KCIA)部長が訪日し、大平正芳外相との間で、日本から韓国に移転する経済的価値に関して、無償三億ドルを供与、低金利の公共借款二億ドルを貸し付け、民間投資を一億ドル以上行うことに合意した。借款はたとえ低金利とはいえ利子を付けて元本を返還することが義務づけられているものであった。民間投資はあくまで日本の企業が主導権を持って投資した分を回収するものであった。これらは日本から韓国に純粋に移転したものだとは言い難いが、ともかくも、日本から韓国に移転する経済的価値の総量に関して合意を得ることができたのである。その後、六五年の国交正常化の時点では、日本から韓国への民間投資を五年間で三億ドル以上にすることに合意内容が変更になり、総量は「増額」された格好になった。

そして、その名目に関して、日本政府は国会で韓国の独立を祝賀するための経済協力を韓国に提供するものだと説明した。「請求権」だと説明すると、その金額に関する法的証拠を提示しなければならないが、それはできなかったからである。それに対して韓国政府は国会や国民に、あくまで対日請求権という権利として日本から獲得したものであると説明した。このように、日本の植民地支配に起因して韓国から日本に移転した経済的価値を、日本が韓国に返還することを意味する、請求権問題の解決に合意することで、日韓交渉の最大の懸案は解決に向かった。一九六五年、請求権問題は「財産及び請求権に関する問題の解決並びに経済協力に関する日本国と大韓民国間の間の協定(日韓請求権協定)」において「完全かつ最終的に解決」したことに日韓両政府とも合意したのである。

しかも、これは一度に現金として日本から韓国に提供されるものではなく、ほぼ一〇分の一ずつの経済的価値を一〇年にわたって、しかも、日本の物品や役務として提供するものであった。具体的に、無償三億ドルは、三〇〇〇万ドルずつ一〇年にわたって供与される、有償二億ドルについても、二〇〇〇万ドルずつ一〇年にわたって提供されるものであった。のちに日韓の経済協力が活発になった結果、より多い経済的価値が一〇年よりも短い期間に移転されることになった。こうした請求権資金は、韓国に日本製の機械や原資材などが提供される「呼び水」となり、それ以後、日本企業から輸入した機械を使用し、日本企業から輸入した原資材を加工して製品を輸出するという韓国の輸出指向型工業化が定着することになったのである。

米国の仲介

そして、こうした交渉に対して仲介役を果たしたのが米国であった。米国政府は駐日・駐韓大使館を通して、韓国政府に対しては、受け取る経済的価値の名目にこだわるよりも経済開発のために必要な資金をできるだけ多く獲得するほうが得策であると説得し、日本政府に対しては、韓国の経済開発のために必要な資金を可能な限り多く供与するべきであり、それが日本の安保と経済の双方に寄与すると助言した。そして、具体的な金額、無償三億ドルの妥協ラインを日韓双方に示唆した。

前述した通り、一九五〇年代、日韓交渉への介入に対して米国はどちらかと言うと消極的であった。六〇年代に入ると、日本から韓国に移転する経済的価値の量(金額)や名目に関して日韓両国政府に具体的な助言を与えるのみならず、韓国に関しては政府与党だけでなく野党にも説得を行うことで、より積極的な介入姿勢を示した。しかし、米国の役割はあくまで日韓間の対立争点の解決を側面から支援するという意味での「触媒(catalyst)」に過ぎず、日韓間の対立争点を表立って仲裁調停するという意味での仲介者(mediator, middleman)になるべきではないという姿勢も堅持した。日韓双方の社会に、米国の介入が偏向しているという印象を与えることによって、それぞれの社会における反米感情が噴出することを警戒したからであった。

棚上げされた「領土問題」と「謝罪」

しかし、未解決のまま棚上げにされた問題もあった。その最も代表的なものは領土問題であった。日本が返還するべき領土に関するサンフランシスコ平和条約の解釈に関して、「竹島は日本固有の領土であり、放棄すべき地域として条約に明記されていなかったので日本の領土のままである」と主張する日本政府に対して、韓国政府は、「伝統的な韓国固有の領土を日本は不法に占拠しただけであり、条約に明記されていないのは当然の如く韓国の領土であることが承認されただけである」という解釈を提示した。こうした条約の解釈に関して米国は日韓どちらか一方の側に立つような有権解釈を日韓両政府に提示しようとはしなかった。換言すれば、日韓の間に領土問題を残すことを選択したのである。

請求権問題に関する合意は形成されたが、日韓それぞれの国内事情のため交渉は停滞した。この時期は、特に李承晩ライン・平和線の撤廃と漁業問題をめぐる対立が主要争点となった。韓国では先進的な日本漁業から後進的な韓国漁業を保護するためには平和線が必要であると認識されていたのに対して、日本は李承晩ラインの撤廃を求めた。結果的には、日本が韓国漁業の近代化のための経済協力を行う代わりに李承晩ライン・平和線が撤廃されるという形で、「漁業問題でも経済協力による懸案妥結が図られた」ことになる。

もう一つの問題は、植民地支配に対する日本の「謝罪」の問題であった。日韓基本条約などの文書には、植民地支配に対する日本の「謝罪」や「反省」の言葉は含まれていなかったが、一九六五年二月、日本の椎名悦三郎外相が訪韓し、口頭で「両国間の長い歴史の中で不幸な期間があったことは、まことに遺憾な次第であり、深く反省する」というメッセージを発表することで、韓国の反日世論をなだめようとした。

合意と妥協

こうした過程を経て、結局一九六五年六月二二日に日韓両政府は日韓基本条約や日韓請求権協定など一連の条約・協定に調印し、国交を正常化することに合意した。では、その他の主要懸案はどのように妥協が形成されたのか。

「在日韓国人」に対する永住許可の範囲について、「終戦前から引き続き日本に居住している韓国人、およびその子孫でこの協定発効から五年以内に生まれたもの」に限ると主張し、それ以降は日本政府の自由裁量を保持しようとする日本政府と、「すべての子孫に与えるべきだ」と主張した韓国政府とが対立した。結局、協定発効から「五年以降に生まれた者」にまで範囲を拡大するとともに、協定発効後二五年以内に再協議をするということで妥協した。

韓国政府が「朝鮮半島における唯一合法な政府であり」、韓国の管轄権は朝鮮半島全域に及ぶことを主張したのに対して、日本政府は韓国の管轄権を北緯三八度以南に限定しようとした。結局、日本政府は「韓国政府が朝鮮半島全体を管轄するという意味を含まない」ことを前提として、「韓国政府が「朝鮮半島における唯一合法な政府である」ことを認める」にとどめた。

こうした争点の背後には、植民地支配それ自体が違法であり、そこから派生する諸問題も日本側の違法行為に起因しているので、韓国側がそれを回復する当然な権利があることを前提とする韓国政府と、植民地支配自体は合法的に行われたことを前提とし、そのうえで問題解決を図ろうとする日本政府との、根本的な違いが存在していたのである。

第四節　日韓関係の「一九六五年体制」——経済協力と安全保障

優先された安保と経済

一九六五年は日韓関係の新たな出発点であり、それ以後の日韓関係は「一九六五年体制」と呼ぶことができる。

ただ前述した通り、積み残された課題も多かった。それ以後、この課題にどのように取り組むのかということを日韓は問われた。実際に、その後の日韓関係は、一九六五年の一連の取り決めを金科玉条の如く守るというよりも、六五年体制の不十分な部分、残された課題に取り組むことによって六五年体制を補完してきたと言うべきだろう。

「一九六五年体制」の基本は安全保障と経済協力、要するに「安保経協」であった。元来、日韓交渉は、日本が韓国を支配したという歴史を、その期間に日韓間を移転した経済的価値の原状回復を図るという方法で清算しようとしたものであった。そして、それに経済協力という名目を被せて、それを手段として共産主義の脅威に対抗して日韓の安保を確保しようとしたのである。このように、安保と経協を優先させることで歴史の清算が後景に退いたことは否定できない。しかし、経協を蓄積し安保を確実にすることを通して歴史をめぐる対立を解せるという楽観的期待もあった。

日韓の経済協力の動機が、日韓の政府や企業にとって相互の利益にあったことは間違いないが、日韓の経済協力はそれをとりまく冷戦体制と密接な関連性をもって行われた。「安保経協」という言葉は当時使われなかったが、日本の対韓経済協力は純粋な経済的動機に基づくというよりも、朴正煕政権を支援して北朝鮮との体制競争において優位に立つようにさせるとともに、北朝鮮をはじめとする共産主義勢力の軍事的脅威の防波堤になるように韓国の安保体制を強化することが、日本の安全保障に寄与するという考慮が働いた結果でもある。また、朴正煕政権も、日本からの経済協力をより有利な条件で獲得するために、日本の安全保障のために韓国が貢献していることを強調したのである。

日韓の経済協力

日韓の経済協力の実態はどのようなものであったのか。

一九六五年の日韓国交正常化以前の韓国の産業構造は、一方で、小麦、綿花、原料糖などの米国の援助物資を加工して、小麦粉、綿糸・綿織物、砂糖などを輸入代替として国内市場向けに生産するものであった。他方では、戦後復興などに必要なセメント工業などの基幹産業もある程度育成していこうとした。そして、海苔、生糸、タングステンなどの一次産品を輸出することで、必要物資の輸入代金のための外貨を稼ごうとした。ただし、そのために十分な額の輸出が行われていたわけではなく、貿易赤字は恒常的なものであった。だからこそ、米国の経済援助が必要とされていたわけである。

したがって、原材料の輸入先は主として米国であり、一次産品の輸出先は主として日本であった。ところが、そうした貿易構造は国交正常化以後、大きく変容することになった。日本から原材料を輸入してそれを加工して主として軽工業製品を作り、米国などに輸出するというものに変わったのである。日本からの原材料輸入に、国交正常化に伴う請求権資金が貢献したのが、その一因であった。韓国は軽工業製品の輸出増大を牽引役として、一九六〇年代後半の高度成長を達成していくことになる。全体の貿易黒字が定着するのは九〇年代に入ってからであるが、七〇年代になると次第に対米輸出の増大が顕著になり、それに伴って七〇年代後半になると対米貿易収支も黒字に転換する。繊維や雑貨などの軽工業製品が対米輸出のほとんどを占めていた。

その代わり、経済が成長すればするほど、日本からの原材料や機械、部品などの輸入が増大することになったが、日本への工業製品の輸出がそれに見合った形で増大するわけではないので、対日貿易赤字は増大していった。したがって、韓国では、対日貿易赤字の増大を韓国から日本に経済的価値が一方的に移転することだと理解され、韓国政府は、その是正を要求するようになったのである。

当初は、国交正常化に伴う対日請求権資金は主として農業基盤や社会インフラの整備に向けられることで合意されていた。日韓経済協力に警戒的な韓国の国内世論を背景として、比較的合意が得られやすいものが優先されたからであった。この結果、ソウルと釜山とを結ぶ京釜《キョンプ》高速道路や、ソウル地下鉄の建設などに使用されることになった。

しかし、次第に、もっと直接的に韓国の工業化のために必要な原資材、機械、技術の導入に使うべきだという動きが韓国政府から提起されはじめた。その結果、当初は国有企業として出発した浦項《ポハン》製鉄所の建設のためにも利用されるようになったのである。

このように、対日請求権資金が、一九六〇年代後半以降、日本から輸入した機械を使用して輸入した原資材を加工し、最終消費財を生産し、それを輸出するという意味で、韓国の経済発展の原動力の一部になったのである。

ただし、韓国経済は軽工業製品の輸出増大だけを志向したわけではなかった。それと並行して、産業構造を高度化するために重化学工業化も進めたのである。そして、そのために必要な技術や設備などを日本から導入することになった。朴正煕政権は、当初から総合製鉄所の建設に並々ならぬ意欲を示した。しかし、援助国であった米国は、米国の援助が韓国の身の丈に合わない重化学工業化のために「浪費」されることを嫌ったので、そうした計画にことごとく反対してきた。これに対して、日本政府や企業が相対的に積極的であったからである。日本政府や企業は自国の産業構造の高度化に伴う国際分業体制の変化を促進するためにも、韓国の重化学工業への経済協力には比較的理解があった。

だからこそ、総合製鉄所建設のために日本の対韓請求権資金を使用したいという朴正煕政権の要望を認めたのである。一九六八年の浦項製鉄所の設立には、日本政府と八幡製鐵（現・日本製鉄）など日本企業の積極的な協力による貢献が大きかった。

絡み合う日米韓の狙い

日韓国交正常化以後も引き続き、韓国支援をめぐる日米の協力関係は維持された。一九六九年、佐藤栄作首相とニクソン大統領の首脳会談後の日米共同声明で言及された「韓国の安全は日本自身の安全にとって緊要である」という「韓国条項」は、韓国の安全保障に関する日本の役割を日米間で確認したことを意味する。これは、既に朝鮮戦争時に現実となっており、さらにその後も継続していた朝鮮半島有事における在日米軍の関与を明確にした「朝鮮議事録」を日米両政府が再確認したものであった。

ただし、ニクソン政権は在韓米軍を削減したことにも現れるように、韓国防衛に関する負担の軽減を図ろうとしており、それを日本の関与の増大で埋めようとしたことも事実であり、「韓国条項」はそうした性格も持っていた。

朴正熙政権にとって、日本の役割増大が米国の関与減少をもたらすことになるとすると、それは望ましいシナリオではなかった。韓国はあくまで米国の確実な関与を最善と考えていたからであった。しかも、韓国社会には自国の安全保障に、過去に自国を侵略し支配した日本が深く関与することに対する強い警戒感があった。朴正熙政権としても、そうした世論に配慮しないわけにはいかなかった。

しかし、米国の関与減少が不可避ならば、それを日本が埋めることを、次善の策として受け入れざるを得なかった。ニクソン政権の在韓米軍削減に伴い、韓国の防衛産業育成を米国も奨励し、そのために必要な重化学工業化に日本が協力するというのは、安全保障をめぐる日米韓関係から見ると当然の帰結であった。

したがって、日韓の経済協力は政府間の協力を介在して行われた。一九六七年以後ほぼ毎年、外相、蔵相、通産相、経済企画庁長官、韓国側は外相、副総理兼経済企画院長官、財務相、商工相などの主要閣僚で構成される日韓定期閣僚会議が、ソウルと東京とで交互に開催された。構成メンバーからもわかるように、主要な議題は経済協力や貿易に関するものであった。三億ドル以上とされていた民間投資を五億ドル以上に「増額」することや、当初の予定を変更して、請求権資金の一部を韓国政府が要望する総合製鉄所の建設のために使用することなどが決められた。日韓の経済協力を、韓国の経済発展と政治的安定に寄与するようにいかに有効に行うべきかが焦点になるとともに、日韓の経済的格差や産業構造の違いなどを反映した利害対立をいかに妥協に導くのかが議論された。

さらに日韓の経済協力が、日韓のそれぞれの政府与党勢力を直接的もしくは間接的に強化するという関係も形成されていった。日韓協力によって韓国の経済成長に拍車がかかることは、政権の実績を上げて正統性を高めるために有効に働くことになった。朴正熙政権は、一九六七年の大統領選挙、国会議員選挙で圧勝した。さらに、六九年には反対を抑えて三選改憲（大統領の三選を禁止した憲法を改正して三選を可能にした)を達成した。他方で、日本の自民党政権も高度経済成長を達成することで、一党優位体制を確立し与野党政権交代の可能性を封じ込めることに成功したのである。

第五節　国民レベルにおける日韓「一九六五年体制」

在日コリアンという存在

こうした「安保経協」という課題を日韓両政府は相当程度共有したが、それがどの程度日韓の国民の間でも共有されたのかは疑問である。一九六五年の国交正常化で、日韓間に横たわっていた諸問題、特に歴史に関わる諸問題は、韓国社会が満足する形では解決されなかったからである。したがって、日韓両国民共に国交正常化を「祝福」するという雰囲気ではなかった。また、時間の経過とともに否定的評価が解消されて「祝福」されるわけでもなかった。

日韓国交正常化交渉以外の可視的な政府間関係は、国交正常化までは不在であった。国交がないにもかかわらず、韓国にとって日本は主要貿易国の一つであり、特に海苔やタングステンなどの一次産品の主要な輸出先であったが、死活的に重要な貿易相手というわけではなかった。また、ヒトの移動に関しても、一部の「在日韓国人」実業家などビジネスの移動を除くとほとんど閉ざされていた。国交正常化当時、一年間のヒトの移動がわずか一万人、一日あたりわずか三〇人弱であったと言われる。

しかも、「在日韓国人」であれば自由に往来できたわけではなかった。一つには、韓国政府に批判的な、北朝鮮に親近感を持つような人たちの入国は許容されなかった。しかも、当時の在日コリアンの多数派は、韓国政府に批判的で北朝鮮に親近感を持つ人たちであった。もう一つは財力のない「在日韓国人」の入国、「移住」も認められなかった。一九五〇年代は韓国自体が貧しく、余剰人口を抱えていたために、財力のある「在日韓国人」の入国、「移住」は大歓迎であるが、そうではない人の「移住」は原則的に認めなかったからである。

在日コリアンに対する韓国政府のこうした制限的な政策の間隙をついたのが、一九五〇年代末に推進された北朝鮮政府による在日コリアンの帰還事業であった。元来、日本にいた在日コリアンの多くは南部朝鮮出身であり、北朝鮮に故郷を持つ者は少数であった。にもかかわらず、この時期、日本人配偶者を含む約九万人の在日コリアンが、北朝鮮を「祖国」とみなし、そうした「祖国」の建設に貢献する目的で、日本に「見切りをつけ」韓国も「見捨てて」移住したわけである。これは財力のある者だけの移住を許容した韓国政府とは対照的なものであった。しかし、そうした希望を持って帰国したにもかかわらず、帰国者の多くが帰国後どのような試練を経験したのかは、想像するに難くない。

日本社会は一九四五年まで朝鮮を植民地支配していたにもかかわらず、朝鮮が日本から切り離された後は、基本的には「無関心」であった。一部の引き揚げ者や植民地支配に何らかの形で関与した者は関心を持続したが、日本社会では少数派であった。当時の日本人が接点を持っていたと言えば、それは身近に存在した在日コリアン社会であった。多くの在日コリアンは就職などで差別を受けるのが常であり、今で言う「三K」と呼ばれる職業にしか就けず、失業者も多く、日本社会の中でも最貧困層を形成していた。それがまた、在日コリアンに対する日本社会の差別を増幅させるという「悪循環」に陥った。

身近な存在である在日コリアンに対する差別、偏見、そして、必ずしも身近ではなかった韓国本国に対する「無関心」が、当時の日本社会の韓国に対する認識を構成していた。したがって、そうした支配という過去から「解放」され「無関心」になった日本社会にとって、「植民地支配に対する責任」というような歴史認識が共有されるのは難しかった。

顔の見えない関係

重要な目の前の問題であったのは、一九五二年の「李承晩ライン」の一方的宣布と、それに伴うライン「侵犯」漁船の拿捕と漁民の抑留であった。特に、山口県などの漁民にとっては大きな脅威であった。日本政府の統計によれば、ライン宣布前も含めて一九六五年までの間、抑留漁船は三二七隻、抑留漁民は三九一一人にも及んだ。日本政府としても一方で「李承晩ライン」を認めることはできないので、それに抗議をしながらも、抑留漁民の釈放のための交渉を行わなければならず、犯罪などで韓国に強制退去させるために長崎の大村収容所に一時収監されていた在日コリアンの釈放との交換を材料に交渉を行った。李承晩政権の「反日」姿勢は、具体的に「李承晩ライン」をめぐる対立を通して顕在化することで、日本社会の対韓イメージを悪化させた。

一方で朝鮮戦争を通して明らかになったように、韓国は日本にとって「反共の防波堤」であり関心を寄せなければならない存在であったが、他方で対韓イメージは良好とは言い難く、対北朝鮮イメージとの比較においても、北朝鮮の方を支持する左翼勢力はもちろん、そうではない人たちから見ても、韓国よりも北朝鮮に対するイメージの方が良好であったくらいである。したがって、日本から見ても、韓国から見ても、日韓関係が「顔の見える関係」とは程遠く、日本社会から見ると「無関心」、韓国社会から見ると「支配への恨み」というイメージが一般的であった。そこでは、お互いに等身大の市民が何を考え、どのように生活しているのかというような関心が持たれる余地はなかったのである。

日韓で分かれた国交正常化への批判理由

こうした相互イメージが、一九六五年の日韓国交正常化に対する評価にも、そのまま反映されたと言える。国交正常化に対する日韓それぞれの国内における反対運動の批判論理の乖離を指摘しておく必要がある。日韓それぞれの国内における批判の矛先が全く嚙み合わず、それが国境を越えた批判の連帯を不可能にした。こうした事情が、それ以後、政府間の和解を市民社会間の和解に連携させることをより一層困難にしたのである。

韓国国内では、何よりも「過去の清算」が十分になされていないことを批判し、「民族主義」の名に基づき徹底した「脱植民地化」を要求した。植民地支配に対する日本の謝罪が十分なされていないこと、植民地支配に関する清算が「賠償」や「補償」ではなく「請求権」や「経済協力」という形に「すりかえられた」こと、しかも当初漠然と考えられていたような何十億ドルという規模ではなく無償三億ドルという「少額」であることなど、当時の韓国社会の平均的な対日観を基準とすると、朴正熙政権の対日外交は「低姿勢」かつ「屈辱的」であると映った。

それに対して、日本国内の批判の矛先は「冷戦への巻き込まれ」に向けられた。米国と反共アジア諸国との間では、共産主義の拡大に対抗するために、一九五〇年代から「北東アジア条約機構（NEATO）」の可能性が議論されてきたが、日韓国交正常化は、その布石であると、批判勢力の間では危惧された。そして、日本が朝鮮半島の冷戦によりいっそう「巻き込まれる」ことで、日本の「平和が奪われる」と批判された。その他、「韓国に対する収奪を強化する」ことにより独占資本がよりいっそう強化されるという批判もあった。いずれにしても、こうした批判に共通するのは「植民地支配への反省」という問題意識がほとんどなかった点である。

長期にわたる日韓交渉中断の原因となった「日本の朝鮮統治は朝鮮人に恩恵を与えた面もある」という一九五三年一〇月の第三次日韓会談における日本側首席代表久保田貫一郎による「久保田発言」、さらに条約締結直前の六五年一月、日本側首席代表高杉晋一による記者会見での「日本は謝れ、という話があるが、とても言えたものではない。日本は朝鮮に工場・家屋などを置いてきた。創氏改名をとってみても、それは朝鮮人を同化し、日本人と同じに取り扱おうとして取った措置であって、悪いことだったとばかりは言えない」という「高杉発言」は、当時の日本社会における「突出した妄言」とばかりは言えなかった。

率直に言って、当時の日本社会の歴史認識はその程度のものでしかなかった。第二次世界大戦によって多大な犠牲を被ったので「平和が大事だ」という認識は相当程度共有されたとはいえ、戦争の性格づけをめぐって「侵略戦争」なのか、大義がある程度はあった「自衛のための戦争」であったのかという論争が存在した。日中戦争と太平洋戦争とを連続的にとらえる見方は「侵略戦争」史観に立つが、断絶的な見方は「自衛戦争」史観に立つ。さらに、満州事変を契機に中国を侵略した日中戦争の帰結として太平洋戦争を開戦したという「一五年戦争」史観に立ったとしても、それ以前の一九一〇年の日本の植民地支配を問題視する歴史認識は当時としては少数派であった。明治以降の帝国主義日本の朝鮮半島侵略の延長線上に中国侵略があり太平洋戦争があったという「三五年戦争」史観とも呼ぶべき歴史観は、六〇年代の日本にはほとんど見られなかった。そうした歴史観に立脚すると、明治維新以来の日本の近代史が「侵略一色」に塗り固められてしまうからである。このように、六〇年代当時の日本社会における支配的な歴史観と、日本帝国主義の侵略の「最初の犠牲」になった韓国社会が共有する歴史観との間には顕著な乖離があったことは強調されるべきだろう。

そして、日本における朝鮮半島理解は、等身大の韓国社会と真正面から向き合おうとするのではなく、日本における左右対立をそのまま朝鮮半島に投映するものでしかなかった。社会党や共産党などの左派勢力は韓国ではなく北朝鮮の方により一層の親近感を示した。政府自民党などの右派勢力は逆に韓国の方に正統性があるとみなした。その中間の政治勢力はほとんど存在しなかった。しかも、日本の植民地支配に対する反省など、過去の歴史認識に関する問題意識を十分に持つことができなかったのは、左右とも共通していたのである。

第三章　冷戦の変容と非対称的で相互補完的な日韓関係

――一九七〇年代・八〇年代

1984年9月6日，宮中晩餐会での昭和天皇（右）と全斗煥大統領（左）（提供：朝日新聞社）

一九七〇年代に入り、米中和解や日中国交正常化などによって中国をめぐる国際関係は大きく変化した。それは朝鮮半島にも少なからぬ影響を及ぼし、南北の力関係が均衡化したことも相まって南北対話が開始された。さらに、朝鮮半島をはじめとする東アジアに対する米国の軍事的関与も、在韓米軍が削減されたり撤退が決定されたりするなど、不透明な状況になった。こうした冷戦の変容が、日韓の経済協力によって双方の経済発展と政治的安定を実現し、それによって安全保障を確実にするという、既存の日韓関係の基本構造にどのような点で変化を迫ったのか、また、どのような点で不変であったのかを考察する。そして、異質な政治体制の下で日韓が経済協力を通して経済発展と政治的安定を達成し、ついに韓国は政治的民主化も達成した。本章では、異質で非対称的な日韓関係が相互補完的な機能を果たしたことを明らかにする。

第一節　米中・日中の和解と北朝鮮をめぐる日韓関係

米中和解と日中国交正常化

南北分断体制は一九四八年以来、七〇年以上も一貫して持続している。しかし、朝鮮半島を取り巻く国際関係は激変した。その一つが、七〇年代初め、米中和解や日中国交正常化などで、中国をめぐる国際関係が大きく変容したことである。

朝鮮戦争で交戦した主力が米軍と中国軍であったことに端的に現れるように、朝鮮半島冷戦は米中冷戦の一つの構成要素に位置づけられていた。一九六〇年代に入ると、社会主義陣営内部で中ソ対立が深刻化したが、ソ連よりも中国の方が対米強硬論を主張することで、米中冷戦はより一層深刻化した。ベトナム戦争の激化は、その象徴であった。

しかし、中ソ対立が一因となり、米中接近の政治力学が働くことになった。一九六九年に成立したニクソン米共和党政権の最優先課題は、ベトナム戦争からいかに名誉ある形で撤退するかであった。そのために中国との協力が必要だと考え米中和解を模索した。しかし、結果として軍事力によって北ベトナム主導の共産化統一が実現した。このように、米国にとってベトナム戦争は完全な敗北であったが、米中和解は米国外交の新たな可能性を切り開くことになった。

中国の毛沢東は対米戦争の必然性をある時期まで真剣に考えていた。ところが、文化大革命などに起因する国内政治の混乱を外交実績によってカバーする必要があり、さらに、台湾(「中華民国」)に対する外交的優位を奪取するためにも、米中和解のメリットを認識するようになった。さらに、中国の対米接近は、中ソ対立に直面する中国の対ソ牽制力を増大することになると判断した。ただし、中国が急に米中和解に舵を切ったことは、北朝鮮に混乱をもたらし、中朝関係を動揺させるという外交的なマイナスを伴った。

そして、米中和解は日本外交にも重大な変更をもたらした。日本は米国とは一線を画し、政治的に中国を承認しないが経済的には中国との交流をより一層深めるという「政経分離」、さらに中国(「中華人民共和国」)と台湾(「中華民国」)を共に国家として承認するという「二つの中国」政策を模索していた。日本にとって中国は潜在的な市場として大きな魅力を持っており、米国のように敵対一辺倒というわけにはいかなかったからである。したがって、米中和解は日本の頭越しに行われたという意味では「歓迎するべきことではなかった」が、対中接近の可能性を模索した日本外交にとって結果的に「渡りに船」であった。成立したばかりの田中角栄政権は、この機会を利用して首相自ら中国を訪問、一九七二年九月二九日、日中国交正常化を達成した。

朝鮮半島への多面的影響

米中和解、日中国交正常化は、韓国にとっての「味方」である日米が、急に「敵」であった中国との和解に舵を切ることであり、米韓・日韓関係には動揺が見られた。また、中国の国際的影響力が高まることは北朝鮮に有利に、韓国には不利に働くと認識された。

そのうえ、米中和解は南北分断体制にも重大な影響を及ぼす可能性があった。南北朝鮮が米中和解を受け止め南北和解に進むというのが考えられる一つのシナリオであった。実際に、この時期、分断後、初めてとも言える本格的な南北対話が実現した。一九七一年、南北赤十字会談が開始され、それが政府間秘密交渉に発展し、韓国の李厚洛《イフラク》(中央情報部部長)の平壌《ピョンヤン》訪問、北朝鮮の朴成哲《パクソンチョル》(第二副首相)のソウル訪問を経て、七二年、「自主・平和・民族大団結」という南北統一のための三原則などに合意した七・四南北共同声明が発表された。

表1　一人あたりGDPの南北比較(ドル)

	北朝鮮	韓国		北朝鮮	韓国
1970	386	287	1995	222	12,597
1971	415	309	1996	479	13,411
1972	446	332	1997	462	12,381
1973	480	416	1998	456	8,235
1974	518	575	1999	452	10,588
1975	561	629	2000	462	12,161
1976	574	850	2001	476	11,480
1977	589	1,076	2002	468	13,068
1978	605	1,434	2003	471	14,561
1979	622	1,821	2004	473	16,356
1980	638	1,752	2005	548	19,197
1981	652	1,925	2006	575	21,547
1982	807	2,037	2007	597	23,914
1983	793	2,246	2008	551	21,295
1984	744	2,459	2009	495	19,128
1985	722	2,521	2010	571	23,091
1986	805	2,872	2011	639	25,172
1987	836	3,596	2012	645	25,538
1988	764	4,801	2013	668	27,228
1989	811	5,880	2014	698	29,330
1990	735	6,677	2015	650	28,841
1991	663	7,705	2016	667	29,423
1992	593	8,190	2017	686	31,781
1993	503	8,939	2018	688	33,622
1994	384	10,428			

出典：United Nation Statistical Division National Accounts-Analysis of Main Aggregates (AMA)

結果として見ると、この南北対話は南北の和解に向けた歩みではなく、南北の新たな段階の競争を宣言したものであった。それ以前の、政治経済面での北朝鮮優位、外交面での韓国優位という図式から、南北朝鮮は共に政治経済・外交面における本格的な競争を互いに意識するようになったのである。そして、互いの国内体制が動揺しないように引き締めを図った。さらに米中共に、朝鮮半島問題を首脳会談の議題として議論の俎上に載せたが、その現状変更を主導したわけではなく、南北分断という現状を維持するために管理しようとしただけであった。

中朝間の緊密な関係を前提とすると、韓国が中国との関係を即座に正常化する可能性は低かった。韓国にとっては、ベトナム戦争における完全勝利を求めないまま撤退することで南ベトナムを「見捨て」、米中和解によって台湾を「見捨て」たように、米国は韓国をも「見捨て」るのではないかという警戒感を増大させた。韓国は、従来、北朝鮮よりも優位な立場を占めていた国連において、北朝鮮を支持する中国や第三世界諸国の影響力が増大する中で、韓国の優位が自動的には保証されなくなったために国連への依存を減らそうとした。そこで、朴正熙政権は南北対話を進め、「民族内部の問題」として南北関係を位置づけることで、南北の優劣を競う場として国連を利用することにこだわらない姿勢を示すようになったのである。

では、こうした変化が日韓関係にどのような影響を及ぼしたのか。

中国に対する日韓の対応の違いを際立たせることで、日韓を離間させる力学を働かせたという側面があった。日中国交正常化は、日本の投資先や貿易相手として中国が浮上することを意味した。一九七〇年代の中韓関係は依然として香港との中継貿易にとどまっていた。その意味で、対中関係によるフロンティアの拡大は日本に限定されており、韓国には機会の増大はもたらされなかった。

しかし、朴正煕政権が「反中」に凝り固まっていたわけではなかった。外交に関しては、柔軟性を発揮して、従来の「反共」で閉じられた外交空間を拡大しようとした。一方で、北朝鮮との本格的な体制競争に直面して、韓国は北朝鮮を傀儡《かいらい》として交渉相手とはみなさないという姿勢から、七三年に「六・二三平和統一外交政策に関する大統領特別宣言」を発表し、対共産圏外交や国連への南北同時加盟の可能性を切り開くなど、朝鮮半島に韓国と北朝鮮という別々の国家が存在するという現状に関する相互承認と国際承認から出発するべきだという意味で、「二つのコリア政策」に転換した。したがって、韓国としても中国との関係改善の機会を模索していたと見るべきであろう。

とはいえ、一九七〇年代の中朝関係は依然として堅固であった。特に対立下にある中ソは共に、北朝鮮を「味方につける」「敵に追いやらない」ためにも、北朝鮮とある程度良好な関係を維持することが重要だと考えた。また、韓国との関係改善がもたらすメリットがそれほど大きいとはみなしていなかった。中ソ、特に中国にとって、韓国との関係改善によって得られる利益よりも北朝鮮との関係を維持することによって得られる利益の方が大きかった。したがって、韓国が対中関係改善を模索したとしても、中国は冷淡な反応に終始したのである。

北朝鮮をめぐる緊張

一九七〇年代、日韓が尖鋭に対立したのは、対中政策をめぐってというよりも、対北朝鮮政策をめぐってであった。七〇年代に入ると日朝関係に進展の可能性が生まれた。朝鮮半島の緊張緩和に寄与するという点で日本政府は南北対話を歓迎した。そして、それに便乗して北朝鮮との関係改善を模索した。七〇年代、経済力において北朝鮮は韓国と拮抗しており、日本にとって相当程度魅力のある経済的フロンティアだったからでもあった。具体的には次のような新たな動きが見られた。七二年から七三年にかけて北朝鮮の貿易・技術関係者の日本への入国が認められた。また北朝鮮のタオル製造プラント建設に対する日本輸出入銀行の融資が初めて認められた。さらに、金日成国家主席は日本のマスコミとの記者会見で、日朝関係の改善に積極的な姿勢を示した。日本政府もそうした動きを察知し韓国の反応を探りながら、「政経分離」で北朝鮮との関係改善を模索することになったのである。

しかし、韓国から見ると、韓国自身が「二つのコリア政策」に移行して南北対話を進めたために、日朝接近にはタテマエとして反対し難いとしても、本格的に始まったばかりの南北体制競争の真っ只中で、日朝接近は北朝鮮外交の選択の幅を広げることで、韓国には不利に作用する可能性が高いと判断した。「韓国が北朝鮮と対話するのだから、日本も同様に北朝鮮と対話してもいい」というのは、決して容認できなかった。しかも、依然として日本国内の在日コリアンは、韓国支持よりも北朝鮮支持の方が優位な状況にあった。そうした日本の状況を、朴正熙政権は日本政府がそれを放置しているからだと苦々しく思っており、批判を強めていた。

こうした北朝鮮をめぐる日韓の緊張は、一連の事件に象徴的に現れた。第一に、一九七三年八月八日白昼、前野党大統領候補であった金大中《キムデジュン》が、東京のホテル・グランドパレスで何者かによって拉致され韓国に連れ戻された「金大中拉致事件」である。七一年の大統領選挙で「善戦」した金大中は、維新体制の成立後、海外で反政府運動を展開したが、こうした動きを封じ込める意味を込めて、韓国中央情報部が金大中を拉致し韓国に連れ戻し、その後も事実上の軟禁状態に置いたのである。この事件の真相はのちに明らかになったわけだが、当時から、こうした推測は共有されていた。この事件は、日本にとっては「主権侵害」にあたり、朴正熙政権への批判が与野党の政治的立場の違いを超えて高まり、日本政府は日韓定期閣僚会議を延期するなどの対抗措置を採った。それに対して、朴正熙政権は同年一一月に金鍾泌首相を訪日させ、謝罪して政治決着を図った。

第二に、一九七四年八月一五日、韓国独立記念日の式典で、文世光《ムンセグアン》という在日コリアンが朴正煕大統領を狙撃し、その結果陸《ユ》英修《ギョンス》大統領夫人が被弾し死亡するという事件が起こった。この事件で使用された拳銃が日本の警察から奪取されたものであり、日本国の偽造旅券が使われたりしたために、朴正煕政権は対日批判を強めた。さらに、日本のメディアがこの事件は朴正煕政権が自ら招いたものだと批判的に報道したために、日韓関係は極度に悪化し、韓国政府は対日断交の可能性を示唆した。これに対して、日本政府は田中首相自ら陸英修夫人の葬儀に参列し、さらに椎名自民党副総裁を特使として派遣し事態の収拾を図った。

こうした日韓間の葛藤は、一九七五年、宮沢喜一外相が訪韓し、日韓双方が上記の二つの事件をこれ以上政治問題化させないことで政治決着を図った。一連の摩擦の背後には、六〇年代から引きずる冷戦への向き合い方の違いがあった。北朝鮮の軍事的脅威を日本は直接に感じることはなく、韓国への「お付き合い」という側面が強かったのである。

結果的に、後から振り返ると、一九七〇年代後半には北朝鮮が一連の日本人拉致事件を起こしたように、日朝関係は停滞したと見ても過言ではないだろう。肝腎の南北対話が七三年に実質的には断絶してしまうことで、日朝関係の進展には韓国政府がブレーキをかけ続けた。そして、日本政府も日韓関係を犠牲にしてまで日朝関係を改善する意思を持たなかった。対中関係では現状変更を志向したが、それを朝鮮半島にまで波及させる用意はなかったのである。このように、七〇年代前半に見られた対北朝鮮政策をめぐる日韓の乖離は、後半になるとそれほど目立つこともなく修復されたのである。北朝鮮への脅威認識を日韓双方とも接近させることで、北朝鮮をめぐっても日韓の接近力学が働くようになったのである。

ただし、その後も、韓国政府やメディアは、一九九〇年代半ばくらいまでは、日本が北朝鮮との接近の兆候を少しでも見せると、日本外交を「二股外交(양다리외교)」であると批判し日朝関係の改善を牽制する姿勢を堅持した。日朝の関係改善は南北関係の改善にも貢献するという認識が日韓政府間で共有されるのは、形の上では八八年の七・七宣言(盧《ノ》泰愚《テウ》大統領の民族自尊と統一繁栄のための大統領特別宣言)、実質的には金大中政権の対北朝鮮和解協力政策を待たなければならなかったのである。

第二節　米国の関与削減と日韓関係——日米韓関係から日韓関係へ？

不透明さを増すアメリカの関与

一九七〇年代の北東アジアは、中国をめぐる国際関係が変容し、デタントが進行しただけではなかった。それと歩調を合わせるように、米国の東アジアからの脱関与政策が鮮明になったのである。ニクソン共和党政権は、歴代政権が封印していた在韓米軍の削減を断行した。さらに、カーター民主党政権は、のちに延期され実施に移されなかったものの、在韓米地上軍の撤退を一旦は決定した。

こうした在韓米軍に関する米国の現状変更政策は、一九七〇年代に入って突如出現したわけではなく、六〇年代から既に議論されていた。米国は、中ソが一致団結して北朝鮮の南侵を支援するというような朝鮮戦争型の戦争は、中ソ対立に伴い非現実的になったと受け止めた。したがって、在韓米軍の削減によって、韓国防衛への軍事的関与を減らすことが可能であると考えるようになった。しかし、朴正熙政権は韓国軍のベトナム派兵という決断によって、その可能性を抑え込んでいた。韓国防衛のためには韓国軍よりも、米軍の駐留の方が必要だという選択をしたのである。韓国と同じく共産主義の脅威にさらされていたとはいえ、何ら同盟関係になかった南ベトナムを支援するために韓国軍を派兵するという選択によって、削減した在韓米軍をベトナムに転用するという米国の政策変更を封じ込めようとしたのである。

ところが、ニクソン政権はベトナム戦争の勝利ではなく、ベトナムからの名誉ある撤退の方を選択した。したがって、韓国軍のベトナム派兵の必要性は低下した。アジアに対する米国の軍事的関与を軽減したいと考えたニクソン政権にとって、在韓米軍の削減に手を付ける絶好の機会であると映った。米中和解に伴う朝鮮半島における軍事的緊張の緩和も、それを後押しした。

朴正熙政権は、在韓米軍の削減を米国が韓国防衛から段階的に手を引くことだと受け止めた。

そして、それが韓国国民の間に安全保障上の危機感を醸成することで、朴正熙政権への支持に悪影響を及ぼすと考えた。そこで、一方で米国の軍事的撤退に備えて韓国の「自主国防」を充実させる準備をしながらも、他方で米国の関与を引き留めるための交渉を行うという、両義的な対応を模索した。韓国の核開発の試みは、こうした究極の選択であった。朴正熙政権は核開発に取り組んだが、これは核不拡散(NPT)体制を堅持する米国の利害と真っ向から衝突した。したがって、核開発に取り組むことを米国に誇示することによって、米国が韓国の核開発を事実上認めるのか、それとも韓国防衛への関与を続けるのかという二者択一を迫ったのである。結果的に、カーター政権は朝鮮半島の軍事情勢の再評価に基づき在韓米地上軍撤退を延期することを決断したのである。延期とは言っても、実質的には撤回である。そして、朴正熙政権も核開発を断念した。その後、一九七九年一〇月二六日に朴正熙が部下の金載圭《キムジェギュ》韓国中央情報部部長に殺されることで朴正熙政権は終焉を迎え、韓国の核開発も完全に立ち消えとなったのである。

日韓の接近

こうした「米韓の隙間風」は安全保障面でも経済面でも日韓の接近を促すことになった。一九七〇年代の韓国の防衛産業育成を含む重化学工業化をめぐる日韓協力は、その象徴的なものであった。朴正煕政権は元来が重化学工業化への強い意欲をいだいていたが、六〇年代は韓国の性急な重化学工業化に懸念を持っていた米国の経済援助に依存していた状況で、重化学工業化に本格的に取り組むことは難しかった。しかし、七〇年代に入ると、軽工業から重化学工業へと産業構造も、そして貿易構造も高度化する必要性に迫られたこともあり、さらに、米国の軍事関与の削減に直面して「自主国防」を掲げ、防衛産業、そしてそれを支える重化学工業化を進める必要もあり、政府主導でそれに取り組もうとした。七三年、朴正煕大統領は「重化学工業化宣言」を行い、大統領直属の「重化学工業企画団」を創設し、国有企業と民間企業を組み合わせて重化学工業化に取り組んだのである。

これに対して日本政府と企業は経済協力や技術協力を通して積極的に支援することになった。韓国の重化学工業化に欧米諸国よりも日本の方が積極的であったのは、日韓が置かれた地政学的条件の下で、韓国の安全保障が日本の安全保障により一層直結しており、韓国の防衛産業の育成に必要な重化学工業化への関心が高かったからである。その意味では、日本の対韓経済協力が「安保経協」であるということは、「反共の防波堤」である韓国の政治的安定のために日本が経済協力を通して貢献することだけではなく、韓国の防衛産業に直結する重化学工業化を、日本が自国の安全保障を考慮して積極的に支援することも意味した。しかも、朴正煕政権も、明示的ではないにしても「安保経協」の論理を掲げて日本政府を説得し、経済協力と技術協力を勝ち取ったのである。

だからといって日本の対韓経済協力が、一九六〇年代の軽工業支援から重化学工業支援に全面的に移行したわけではなかった。韓国の労働集約的な輸出産業に対する中小規模の資本による直接投資は継続したのである。朴正熙政権は七〇年、釜山近くの港湾都市である馬山《マサン》に輸出自由地域を造成した。日本国内で賃金上昇や公害規制強化などのために採算が取れなくなった企業を、各種免税措置などのインセンティブを供与することで韓国に誘致し、安価な労働力を活用して労働集約的な輸出工業製品を生産し外貨を稼ごうとするものであった。韓国の工業化は、六〇年代後半から軽工業中心の輸出指向型工業化と重化学工業の輸入代替工業化を並行して進める「複線型」であった。そして、日本の対韓経済協力も、これに合わせるように、韓国の資本集約的な重化学工業化への資本・技術支援と労働集約的な軽工業への直接投資を並行して行うという意味での「複線型」であった。

ところが、一九七六年ベトナムが共産化で統一され、アジアの反共陣営の日韓、特にベトナムと同じ分断国家である韓国は、それを深刻な危機と受け止めた。そのうえ、七七年に登場したカーター政権による在韓米地上軍の撤退決定は、安全保障面における日米韓協力関係に深刻な影響を及ぼした。ニクソン政権の在韓米軍削減が朝鮮半島の現状維持を念頭に置いたものであったのに対して、カーター政権の在韓米地上軍撤退は、朝鮮半島における現状変更を企図していたからである。カーター政権は南北間の仲介役を自任、南北朝鮮と米国による「三者会談」の開催を模索し、朝鮮半島における緊張を緩和することによって、在韓米地上軍の撤退を促進する環境づくりを目指した。さらに、「人権外交」を掲げ、韓国の維新体制下の人権状況にも批判の目を向けた。米国議会もそれに加勢することで、維新体制下の人権問題は、米韓間の重大な争点となったのである。

カーター政権の在韓米地上軍の撤退という決定は、ベトナム共産化統一以後、ただでさえ不安定な東アジアの国際関係を必要以上に流動化させるのではないかという危惧を、日韓両政府に共有させた。日韓両政府共に在韓米地上軍撤退への反対をカーター政権に直言することはしなかったが、議員外交や軍同士の連携を利用して、カーター政権を翻意させるために実質的に日韓が共同戦線を張ることになった。さらに、それにもかかわらずカーター政権が翻意しない場合には、安全保障の空白を埋めるためのより一層の日韓の安保協力の可能性を模索するようになったのである。

日韓の議員外交が最も活発に展開されたのも一九七〇年代であった。「日韓(韓日)議員懇談会」が六八年に発足し、毎年ソウルと東京で交互に開催されたが、七二年に「日韓(韓日)懇親会」に改名し、さらに七五年に「日韓(韓日)議員連盟」として恒常的組織に発展した。

日本側では、竹下登(のちの首相)など自民党や民社党の「親韓派」議員が主力であった。「軍事独裁」韓国というイメージが日本社会では強かったこともあり、韓国よりも北朝鮮の方に親近感を持っていた社会党や共産党などは言うまでもなく、公明党も日韓議員連盟には不参加であった。その後、現在では日本のほぼ全政党が参加するようになった。公明党が参加するのは韓国が民主化された一九八七年、共産党が参加するのは「韓国併合」一〇〇年にあたる二〇一〇年である。

韓国側は、日韓国交正常化に尽力した金鍾泌など、与党議員だけではなく野党新民党からも参加していた。

また、政治家のみならず財界人なども加わった組織が「日韓（韓日）協力委員会」であった。一九六九年に日本側の会長を岸信介元首相、韓国側の会長を白斗鎮《ペクトゥジン》元首相として発足し、政府間関係を補完する役割を果たした。七一年までは総会が開催されたが、それ以後は毎年、合同常任委員会がソウルと東京で交互に開催された。

一九七〇年代に入って、在韓米軍の削減、さらには在韓米地上軍の撤退決定などに典型的に現れるように、米中接近に伴う東アジア冷戦体制の緩和に伴って、米国の関与が不透明になった。そうした中、中国や北朝鮮をめぐる認識などで必ずしも一致したわけではなかったが、日韓両政府とも、一方で米国の関与が急激に減少することに伴う不安を、他方で米国の関与減少を与件とした場合の協力の必要性を共有するようになった。その意味で、六〇年代と比較すると、七〇年代の日韓関係は、米国との同盟関係に媒介されるだけではない、より直接的な関係の比重が大きくなったのである。政府間関係にも、また政治関係、経済関係にも、さらに、「反共連帯」に基づく市民社会間関係にも、日韓を直接に連携させる政治力学がよりいっそう強く働くようになった。その意味で、「日米韓」関係から「日韓」関係への移行の可能性をはらんだ時期であった。

一九七〇年代の日韓関係を形容するときに最も頻繁に使われた言葉が「日韓癒着」であった。これは腐敗を伴っているという意味で批判的に形容される言葉であったが、七〇年代の日韓関係が六〇年代と比較していかに緊密であったのかを示す表現でもあった。中国、米国、北朝鮮との関係など、どの要因に関しても、日韓を接近させる力の方が強く働いたからである。日中、米中の接近は、朝鮮半島の変化を促進するよりも現状を維持管理する方向に働いた。また、米国の対韓政策の変化は、米国抜きでの安全保障上の懸念を日韓に共有させることになったのである。

朴正煕のナショナリズムと日本

こうした日韓関係は、朴正煕という日本と密接ではあるが複雑な関係を持つ政治的個性によって担われた。日本では好意的に、韓国では批判的に、朴正煕は「親日派」と形容されることがしばしばあるが、そうした評価は単純すぎる。一方で、朴正煕にとって日本はいろいろな意味で「モデル」であったことは間違いない。朴正煕自身が命名した「維新憲法（維新体制）」は明らかに日本の「明治維新」や「昭和維新」を連想させるものであった。このように、一九七〇年代における韓国の政治経済のモデルは従来以上に日本型モデルへ傾斜したものであり、これには朴正煕自身の選択が大きく介在していた。

しかし、朴正煕は一九七四年の文世光事件に起因した対日強硬策などで、韓国社会の「反日」ナショナリズムを政治的に利用した。また、六八年ソウル中心街の光化門《クァンファムン》に豊臣秀吉の侵略を撃退した韓国史の英雄、李舜臣《イスンシン》将軍の銅像を建立し、国民の「反日」ナショナリズムに訴えかけた。さらに七〇年代に入ると朝鮮半島全体というよりも韓国を単位とするナショナリズムを強調した「民族中興」というスローガンを掲げた。

朴正煕は、大国に包囲され翻弄されてきた韓国が、自国の運命をいかに切り開くのかという課題を痛烈に自覚し追求した指導者であった。そのために朴正煕が追求したのは「反日」ナショナリズムではなく、大国の力を「利用」することで大国に匹敵する国力を獲得することを志向しようとするものであった。換言すれば、「用日」（日本を利用する）ナショナリズムであり「克日」（日本を克服し、日本を凌駕するような強国になる）ナショナリズムであったと見るべきだろう。

第三節　日韓の非対称性と市民社会間関係の萌芽

未だ遠い国

このように、一九七〇年代は冷戦期において最も日韓が接近した時期であったが、それは、政財界など限られた一部エリートの接近であり、日韓関係は政府間関係、経済関係だけに集約されたと言っても過言ではない。その理由は、日韓が非対称な関係であったことに起因する。日本は既に一九六〇年代の高度経済成長を経て七〇年代には先進国の仲間入りを果たしたのに対して、韓国は開発途上国であった。六〇年代初頭は「世界の最貧国」と言われたが、七〇年代に入ると「NICs(新興工業国)」や「アジアNIES(新興工業経済地域)」と呼称されたように、工業製品の輸出増大を通して開発途上国の中ではひときわ高い経済成長率を誇示した。とはいえ、経済力をはじめとする日韓の国力の格差は歴然としており、韓国経済は日本からの機械、部品、原資材の輸入に依存し、日韓は垂直的な分業関係を構成した。

また、日韓は反共陣営を共に構成する隣国で協力関係にあったが、政治体制という点で対照的であった。与野党の政権交代こそなかったものの、日本は民主主義体制であったのに対して、韓国は権威主義体制であり、特に一九七二年の維新体制の成立は、政治体制における日韓の違いを強く印象づけた。そして、維新体制下における韓国の人権弾圧の実相が、日本のメディア報道などを通して日本のみならず国際社会に広く共有されるようになった。

しかも、日韓のそうした異なる政治体制が無関係に並立していたわけではなかった。韓国の権威主義体制を日本の民主主義体制が支え、逆に日本の民主主義体制を韓国の権威主義体制が支えるという意味で、相互補完的であった。ＯＤＡを含めた公的資金や民間投資による莫大な資金が日本から韓国に移転するのに伴い生じた利権が、日韓双方の与党の政治資金として還流することになったためである。このように日韓両政府が相互に支え合うということが、「日韓癒着」の含意であった。本来であれば、日本に侵略され支配された歴史を持つ韓国社会から見ると、こうした日韓関係は批判されてしかるべきであったが、それを韓国の維新体制という強度の権威主義体制によって相当程度抑えることができたからであった。

一九六〇年代の日韓関係は、政府間関係や経済関係が先行し、市民社会同士の交流はほぼ皆無であった。日韓国交正常化をめぐって、「朝鮮半島冷戦への巻き込まれ」を批判した日本の反対運動、「植民地支配に対するより徹底した清算」を要求した韓国の反対運動という、両者の「見事なまでの乖離」が、これを象徴した。こうした市民社会の没交流は七〇年代に入っても基本的には持続した。日韓の間の自由な市民交流は可視的には行われなかった。韓国政府から見ると、日本の市民社会には韓国が危険視する「左翼思想」「親北朝鮮思想」などが氾濫しており、韓国社会の安定を確保するためには、とても自由な交流など許容できないことになる。日本から見ても、韓国は「軍事独裁」体制であり、自由な交流など期待できなかったからである。

特殊で限定された人的往来

こうした中でも、限られた範囲ではあったが、日韓間の人的往来はあった。

例えば、在日コリアンの若者にとって日本でなく母国である韓国で高等教育を受けたいと考えるのは、ある意味では自然なことであった。また、中には韓国語などを勉強するために韓国留学を選択した人たちもいた。

しかし、そうした在日コリアンなどの「留学生」がすべて無事に留学生活を終えて帰国できたわけではなかった。その中には、何らかの形で学生運動などの政治活動に関わったとみなされ、「北朝鮮のスパイ」という嫌疑をかけられ、国家保安法違反や大統領緊急措置違反などで有罪判決を受け収監された人たちもいた。そのうち、肉親や支援者による支援・救援活動が日本で大きく取り上げられたのが徐《ソ》勝《スン》・徐《ソ》俊《ジュン》植《シク》兄弟であった。こうした「留学生」は韓国籍であったために日本政府の保護を受けることもできず、のちに一九八〇年代以降になって釈放された者も含め非常に困難な状況に置かれた。

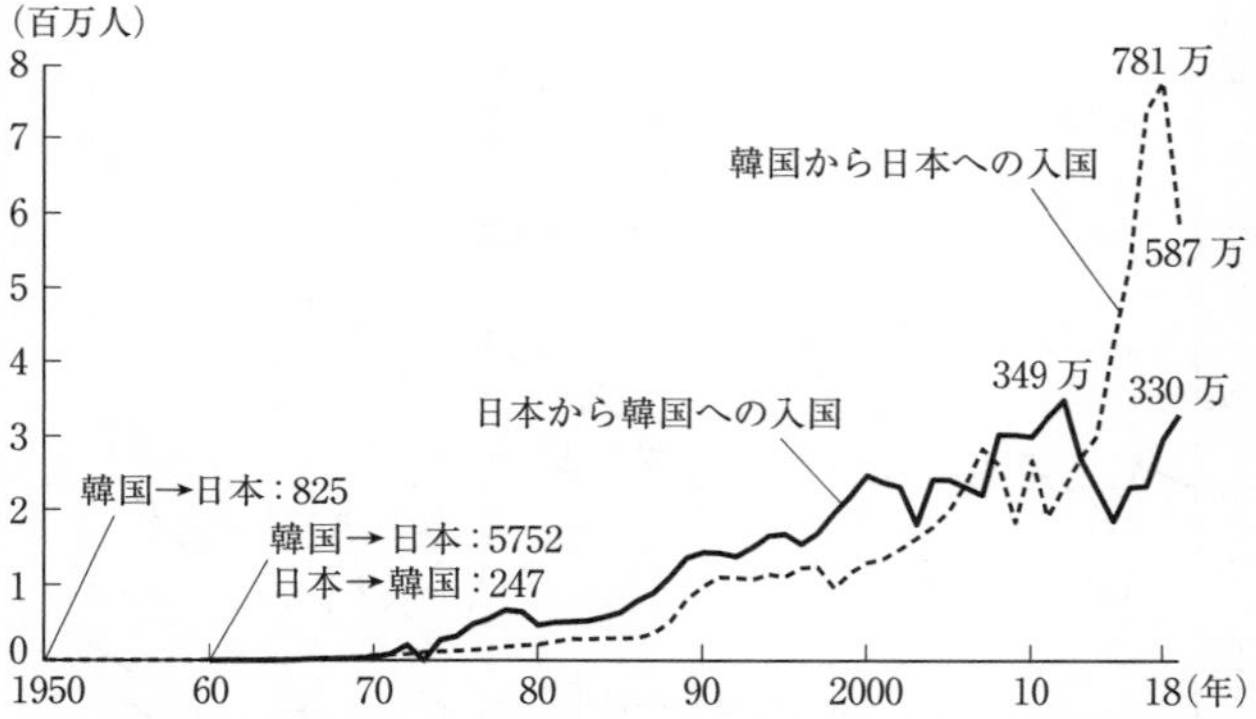

出典：韓国から日本への入国者数については日本法務省出入国在留管理庁「出入国管理統計」，日本から韓国への入国者数については韓国法務部出入国管理・外国人政策本部「出入国管理年報」

図1　日韓の人的往来の推移

また、維新体制に対する反対運動を展開しているとして朴正熙政権が摘発した、一九七四年の民青学連(全国民主青年学生連盟)事件に関連して、ジャーナリストの太刀川正樹、ソウル大学大学院生であった早川嘉春の両氏が逮捕されたことも、日本のメディアにとりあげられて国際問題となった。こうしたニュースは、韓国の維新体制の下でいかに人権が弾圧されているのかを日本社会に知らせることになった。

ただ、一九七〇年代から八〇年代にかけて、もう一つ日韓双方にとって「不名誉な」意味での人の往来も存在した。日本から韓国への男性旅行客が増加することになった。もちろん、こうした人の中にはビジネス、もしくは、韓国を知るために観光した人もいただろう。しかし、同時期の韓国では、外貨稼ぎの意味もあり日本

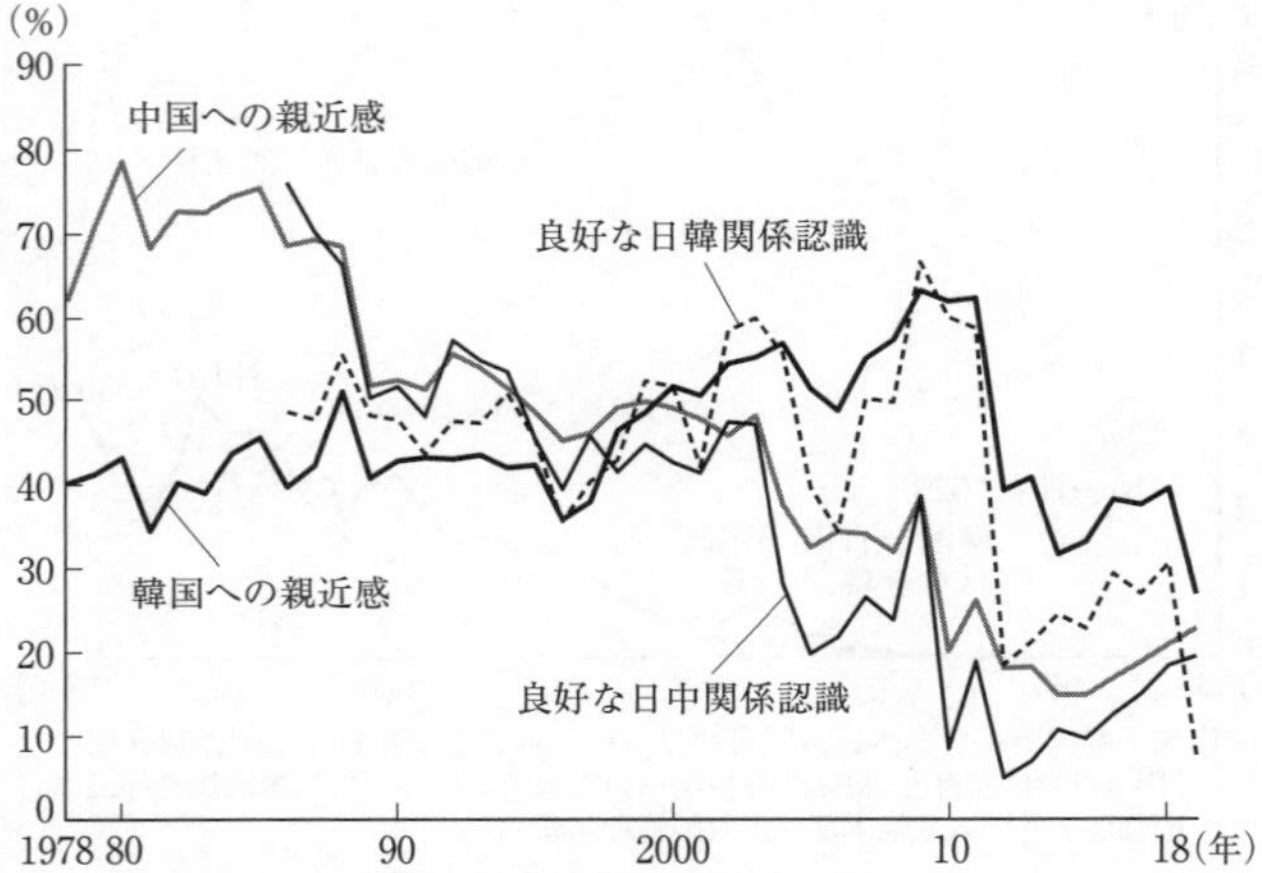

出典：内閣府「外交に関する世論調査」各年度

図2　日本社会の対韓・対中認識の変遷

からの旅行客を主たるターゲットとして誘致するために「妓生(キーセン)観光」という名の「買春観光」が半ば公然と行われていた。日韓の垂直的な関係を象徴する事例であった。当時、日本で韓国観光といえば、「妓生観光」を連想させたほどであった。その後、九〇年代以降、「グルメ観光」「美容観光」が隆盛し、韓国観光に占める女性の比率が飛躍的に増加したのとは対照的であった。

このように、一九七〇年代、「日韓癒着」と表現されたように、日韓の政界、財界における密接な関係が注目されたが、それとは対照的に、日韓間の人の往来は、量的に限定されていたのみならず、質的にも特殊なものに限定されていた。その意味では、この時期の日韓関係は、政府財界次元の単層的で、政治経済だけの限定領域のものであり、市民社会間関係は稀薄で脆弱なものでしかなかった。七〇年代から八〇年代にかけて、内閣府の世論調査によると、韓国に対して親近感を持つ人の割合は大体四割前後を推移した。それほど低くはないと見られるかもしれないが、ほぼ同時期、中国に対する親近感を持つ人の割合が六〜七割を推移したのと比較すると、相当に低かった。それだけ、日本社会における韓国に対する関心が高くはなかったのである。

韓国民主化運動への連帯

そうした中でも、東アジア冷戦が一九七〇年代に入りデタントの方向に向かうとともに、朝鮮半島を見る日本社会の視角にも、韓国、北朝鮮のどちらの体制を支持するのかという「冷戦イデオロギー的視角」とは異なる視角が登場するようになった。日韓の国境を越えて存在する「人権」という共通規範に基づき、南北関係、日韓関係、日朝関係などを判断しようとする視角である。

日本でこうした新たな視角が成立するための重要な契機を提供したのが、一九七三年八月の「金大中拉致事件」であった。この事件によって、日本では維新体制の人権弾圧状況に注目が集まり、そうした人権弾圧の犠牲となった金大中に象徴される民主化運動家を支援しようとする運動が盛り上がった。この運動を担ったのが青地晨や和田春樹らの知識人が主導した「日韓連帯連絡会議」であった。

和田春樹はこの運動の意義について次のように述べている。「このたびの機会のもっとも重要なことは、われわれに韓国の民衆がみえてきたということである。（中略）金大中氏拉致事件が金大中氏の人権の侵害であると同時に、韓国の権力による日本の主権の侵害であったことは事実である。だが、主権侵害論で政府に迫るときには、日本人と朝鮮半島の人々の関係の過去と現在を考えて、厳しく注意して誤《ママ》ちを犯さぬようにしなければいけない。日帝三十六年の植民地支配を否定し、その肯定に基づく日韓条約を批判し、現におこなわれている韓国への経済侵略に反対することと結びつけて、はじめて主権侵害論は展開しうるのである」（『展望』一九七四年一二月号）。

このように、維新体制下における人権弾圧への批判が高まる中、韓国の反政府民主化運動との「連帯」を模索することで、日韓両社会において人権を保障しようとする運動が、日本社会に登場した。さらに、人権が弾圧されるにもかかわらず、日本の政財界が維新体制を支援していると批判する主張を、韓国の民主化運動が提起したことに対して、日本国内でもそれを真摯に受け止め対応する必要があるという認識が台頭した。特に、カーター政権や米国議会による韓国の人権弾圧状況への批判が高まり、米韓間の緊張が注目されていた最中だけに、維新体制と日本との「癒着」に対する、韓国の民主化運動の批判はより一層加速された。こうした運動は、維新体制という権威主義体制を日本政府が支持しているという点を批判し、韓国の民主化運動と連帯し韓国の民主化を支援するとともに、その目的に合致するような新たな日韓関係を構築していこうとするものであった。「イデオロギー」ではなく、「人権」と「歴史の反省」に基づいて、日韓の市民社会における政治勢力の連帯を模索したという点で、単に政府間関係や経済関係だけに還元されない新たな日韓関係の可能性を示した。

知的ネットワークの形成

そして、韓国の人権弾圧状況を、日本社会を含めた世界に広く知らせたのが、岩波書店の雑誌『世界』で一九七三年五月号から八八年三月号まで連載された「韓国からの通信」という記事であった。これは「T・K生」というペンネームで発表されたものであったが、七二年以降、事実上日本に「亡命」していた池明観《チミョングァン》（雑誌『思想界《ササンゲ》』前編集長で当時東京女子大学教授）が著者であることが、二〇〇三年になって明らかにされた。この連載記事は、当時、自由な言論が極度に弾圧されていた状況下において、韓国の民主化運動や労働運動などの動向を生き生きと伝え、維新体制や、その後継体制である第五共和国・全斗煥《チョンドゥファン》政権がいかに人権抑圧的な体制であるのかを、日本のメディアを通して日本のみならず全世界に伝えた。こうした情報伝達に関しては、人権意識や民主主義という価値観に敏感であり、世界的なネットワークを持つキリスト教会勢力の貢献が大きかった。

一九七〇年代に入って、ちょうど日本社会が朴正熙政権とは異なる民主化運動の存在を認知したのと同様に、韓国社会も、「批判対象としての日本」だけではなく、「日韓連帯連絡会議」や「韓国からの通信」に尽力する、いわゆる「良心的な勢力」が日本に存在することを認知するようになった。

さらに、一九七六年に出版された隅谷三喜男『韓国の経済』は、馬山輸出自由地域に対する分析などに基づいて、国内の二重構造と対外依存構造に起因する韓国経済の脆弱性を明らかにしたものであるが、こうした分析は、維新体制下の韓国経済を批判的に理解する視座を提供し、韓国の民主化運動に少なからぬ影響を及ぼした。

韓国の民主化運動に対して日本が直接の起源を持つ知的影響力は、一九八〇年代に入るとより一層顕著になる。民主化運動の戦略と関連して韓国社会をどのような性格を持つものとして理解するのかをめぐって、韓国の社会科学界で広範に展開された「韓国社会構成体論争」は、ちょうど戦前から戦後にかけて、日本の社会科学界で展開された「日本資本主義論争」の知的影響を強く受けたものであった。

第四節　「ポスト朴正熙」の日韓関係

全斗煥政権の誕生と「新冷戦」

一九七九年一〇月二六日、朴正熙大統領が部下である韓国中央情報部部長の金載圭によって殺害されることで、維新体制は終焉を迎えた。維新体制は朴正熙個人と一体化していたために当然の帰結であった。

そして、韓国政治は、民主化に向けて動き出したかに見えた。しかし、その流れを押しとどめたのは韓国の軍部であった。朴正熙政権期には軍部が政治の前面に布陣することはなかったが、朴正熙の死後、権力の空白をいち早く埋めたのは、陸軍士官学校一一期生全斗煥を中心とする「新軍部勢力」であった。

同年、「新軍部勢力」は「一二・一二クーデタ」と呼ばれる軍内クーデタによって「優柔不断な先輩軍人たち」を粛清した後、崔圭夏《チェギュハ》大統領を背後で操縦し権力を侵食しつつ、ついに一九八〇年五月、光州民主化抗争への弾圧によって一気に政治の前面に躍り出て政治権力を完全に掌握した。維新憲法を撤廃し、大統領間接選挙の選挙人母体であった統一主体国民会議を解散したが、大統領間接選挙という制度、さらに国会議員選挙における一選挙区二定数の中選挙区制は維持した。このように維新憲法と類似した憲法を新たに制定し、第五共和国を出帆させたのである。

朴正煕という日本とは特別な関係を持つ指導者による統治が一八年もの長期間続いただけに、朴正煕の死とそれに続く政治変動は、日韓関係にも重大な影響を及ぼした。しかも、光州民主化抗争への弾圧を経て新たに登場した全斗煥政権だけに、それとどのような関係を再構築するのか、日本政府としても即断し難かった。情報や人的ネットワークもなかったので、独自の判断をするということも難しく、米国の対応を横目で見ながら模索するほかなかった。

一九八〇年を前後して米韓関係を取り巻く状況は激変していた。七九年、アフガニスタン侵攻を契機としてソ連の拡張主義的傾向に焦点が集まり「ソ連脅威論」が台頭することで、「新冷戦」と呼ばれる状況が現れた。

一九八一年に新たに登場したレーガン米政権はソ連の軍事的脅威を再認識し、ソ連との軍備競争に拍車をかけた。そして、こうした政策変化が対韓政策にも反映された。北朝鮮に対する脅威認識の乖離、在韓米地上軍の撤退、韓国の人権弾圧、コリアゲート事件(韓国政府による対米議員買収工作事件)、韓国の核開発など、種々の緊張要因を抱えたカーター政権と朴正煕政権との間で動揺した米韓同盟関係を、レーガン政権は修復しようとした。

韓国防衛への関与を再度、明確にしたレーガン政権と、光州民主化抗争への暴力的弾圧によって政権を奪取したという「負い目」を抱えた全斗煥政権との間では、内乱陰謀罪で死刑判決を受けていた金大中の死刑執行停止・「海外亡命」と、全斗煥大統領の国賓としての訪米を事実上の交換条件として、関係修復が図られた。日本の鈴木善幸政権も、日韓の正常な関係を構築するために金大中の死刑執行を思いとどまることが重要であることを全斗煥政権に伝え説得した。金大中拉致事件と、その政治決着という過去があったにもかかわらず、全斗煥政権が金大中に対して軍事裁判で死刑を判決したことを批判して、日本国内でも救命運動が盛り上がったため、日本政府としても、それを無視することはできなかったのである。

「第二の国交正常化」としての「安保経協」

こうした日韓関係の再構築過程で、全斗煥政権は新政権のテコ入れを図るために、一〇〇億ドル相当の借款を日本に要請した。全斗煥政権は、政権の実績づくりのためにも、日本から獲得した借款を経済の安定とさらなる発展のために利用し、政治的安定を確保しようとしたからである。

そして、全斗煥政権は、そのために「安保経協」の論理を明示的に掲げた。一九六五年以後の日韓協力は事実上の「安保経協」であったが、日韓両政府共に、それぞれの国内世論に配慮して「安保経協」という言葉を明示的には使用してこなかった。日本では「朝鮮半島冷戦への巻き込まれ」を警戒するとともに、韓国の「軍事独裁」政権への支援を批判する国内世論が少なからず存在したからである。韓国では、なぜ韓国が日本の安保のために「犠牲」にならなければならないのかという批判が存在したからである。

しかし、全斗煥政権は鈴木政権に対して「韓国は日本の安全保障に貢献しているのだから、日本はその見返りとして韓国に経済協力するべきだ」という「安保経協」の名分を公然と掲げることで、日本に対する巨額の借款供与を要求した。鈴木政権としては、総額一〇〇億ドルという巨額の要求であったこと、そして全斗煥政権が「安保経協」の論理を公然と持ち出したことにも驚いた。

結局、総額四〇億ドルの公共借款(ODA)を日本政府が供与することで、一九八三年に日韓両政府は合意した。日本でその間鈴木政権から中曽根康弘政権への交代があったが、基本的な骨格は既に鈴木政権の時に合意されており、それが中曽根政権下で実現したと見るべきだろう。この交渉過程で、政府特使として、韓国の政財界や「新軍部勢力」とパイプを持つ、元関東軍将校でありシベリア抑留後帰国し、伊藤忠商事相談役に就任していた瀬島龍三の役割が注目された。レーガン政権は全斗煥政権へのテコ入れに舵を切っただけに、日本政府に対しても「安保経協」に前向きに対応するように要請した。

このように、「新冷戦」状況に伴い、米国が仲介し日韓が公然と「安保経協」するという構図が成立した。これは、「第二の国交正常化」とも呼ばれたように、一九六五年の日韓国交正常化の構図を彷彿させるものであった。

「日韓新時代」

中曽根政権と全斗煥政権との間では、「日韓新時代」というスローガンが提唱されるとともに、一九八三年一月には中曽根首相の公式訪韓、八四年九月には全斗煥大統領の国賓としての訪日というように、首脳の相互訪問が実現された。

李承晩は一九四八年、五〇年、五三年の三度、GHQもしくは国連軍司令部の招請による非公式訪日があった。特に、五三年の訪日時には、吉田茂首相との首脳会談があった。朴正煕は六一年大統領就任前の国家再建最高会議議長時代の非公式訪日があった。しかし、いずれも大統領としての公式訪日は一度もなかった。日本からは六七年六月の朴正煕大統領就任式典出席のための佐藤栄作首相の訪韓、七四年八月陸英修大統領夫人葬儀出席のための田中角栄首相の訪韓という非公式なものだけであった。七二年に朴正煕大統領の公式訪日の予定が決まっていたが、一〇月の維新体制の成立に直面し、訪日は取り消された。このように、七〇年代には日韓政府間関係が密接であったにもかかわらず、首脳間の相互訪問は、それを受け入れる両国国内に慎重論が多かったために実現されなかったのである。

当時、レーガン大統領と中曽根首相との親密な個人的関係を意味する「ロン・ヤス関係」という言葉が流行った。日韓の間でも同様に首脳同士の親密な関係が形成された。日韓間には、中曽根首相の靖国神社公式参拝(一九八五年)や日本の歴史教科書問題をめぐる摩擦(一九八二年と八六年)などで、歴史問題が再燃する可能性もあったが、両政府はそれが拡大しないように管理した。韓国では「反日」ではなく「克日」こそが重要だという社説を主要新聞が掲げた。このように見ると、八〇年代に入り日韓で政権が交代し、日韓関係はより一層密接になったと見えるかもしれない。

しかし、一九八〇年代は、「日韓の直接的な関係」に傾斜した七〇年代の日韓関係が、再び、六〇年代のような「日米韓関係の中の日韓関係」に回帰したという側面が強かった。何よりも、日韓関係における米国の比重が七〇年代に比べると飛躍的に高まった。米国が仲介役を果たしたからこそ、八〇年代の日韓関係において摩擦が顕著でなかったと見ることもできる。初期に日韓「安保経協」をめぐる交渉があり、歴史問題再燃の兆候もあったが、それは抑えられ、以後の日韓関係は特段の争点が顕在化したわけではなかった。

全斗煥政権としては、脆弱な正統性基盤を日米などの支援によって補塡する必要を感じていたために、対米、対日関係に神経を使ったからである。日米としても、「新冷戦」という状況において、韓国の戦略的価値を再評価し対韓関係を重視したからである。にもかかわらず、日本の植民地期に教育を受けた一九一七年生まれの朴正熙と、漢字をあまり使わず「ハングル」だけの教育を重視した李承晩政権期に中高等教育を受けた「ハングル世代」である一九三一年生まれの全斗煥とでは、日本との距離感や思い入れは相当に異なった。たとえ、中曽根首相と全斗煥大統領が「日韓新時代」を提唱したとしても、七〇年代ほどの親密さはなかったのである。

そして、一九八〇年代の日韓関係に関しては、以上のような「新冷戦」に対応する日米韓協力だけではなく、「冷戦の終焉」に向けた日米韓協力も見られるようになった。特に、改革開放とともに中国の国際的比重が高まり、それによって中国外交にも変化が見られた。八〇年モスクワ・オリンピックに対する西側諸国のボイコットへの報復として、多くの社会主義国が八四年ロサンゼルス・オリンピックをボイコットしたにもかかわらず、中国はルーマニアなどと共に参加を決めた。さらに、八六年のソウル・アジア競技大会、そして八八年ソウル・オリンピックにも参加した。ちなみにソウル・オリンピックには北朝鮮、キューバ、アルバニアを除く、ソ連および東欧社会主義諸国も参加した。

このように、一九七〇年代、八〇年代と、韓国が持続的に経済発展を達成し、その経済力を増大させ世界経済に占める比重を高めるのに伴って、中国にとって、さらにソ連や東欧社会主義諸国にとって、「北朝鮮との関係を犠牲にしてまで韓国との関係を改善するメリットがない」

状況から「北朝鮮との関係を犠牲にしてでも韓国との関係を改善するメリットの方が大きい」状況へと変化した。北朝鮮を圧倒する経済力をつけた韓国との貿易や経済協力が魅力あるものに変わっていったからである。

韓国の北方外交

そして、こうした状況変化をうまく活かしたのが、韓国の「北方外交」であった。韓国は、一九七〇年代から既に対共産圏外交に力を入れ始めていたが、八〇年代に入ると、六〇年代の西ドイツの「東方政策」を参考にして、北朝鮮を背後で支援してきた中ソをはじめとする社会主義諸国との関係改善を、まずスポーツや経済などの非政治分野での交流を深めることで成し遂げ、そのうえで、それを政治分野にも浸透させようとした。持続的な経済発展によって韓国が獲得した経済力を武器に、北方外交を展開していったのである。そして、八九年のハンガリーとの国交正常化を皮切りに九〇年にはソ連と、九二年には中国との国交正常化を達成するという成果を収めた。

韓国の北方外交に対して、日米は基本的には協力姿勢を示した。「基本的には」というのは、韓国の北方外交には、日米などの力を借りて行う側面と、韓国が独力で直接接近を図るという側面の二つがあったからである。日本は北朝鮮を除くすべての社会主義国と国交を持っていただけに、韓国にとっては社会主義国の動向を調査するために日本経由の情報は貴重であった。また、日本を社会主義諸国との接触の場として活用した。韓国にとって、自らの外交の弱点を補強し北方外交を成功させるためには、日本との協力は必要不可欠であった。一方、日本にとっても、韓国が社会主義諸国と関係を改善し北朝鮮との外交競争で優位に立つことは、日本の国益にとってもプラスになると認識した。したがって、日韓双方にとって外交協力をすることが必要かつ有利だと認識したのである。

さらに、韓国が日本にとって「反共の防波堤」であったように、朝鮮半島情勢は日本の安全保障環境にとってきわめて重要であった。したがって、中曽根政権は成立間もない全斗煥政権へのテコ入れのための「日韓安保経協」を決断しただけでなく、実質的に、クロス承認(朝鮮半島における南北共存の制度化のために、従来国交のなかった、日米と北朝鮮、中ソと韓国との国交正常化を行うこと)と南北国連同時加盟を軸とする「二つのコリア政策」を掲げた全斗煥政権の政策に寄り添いながら、韓国の外交的弱点である、中ソなど社会主義諸国への働きかけを行った。また、北朝鮮との間に太いパイプを持っているわけではなかったが、韓国のみならず北朝鮮にも相当程度の影響力を確保することで、朝鮮半島全体への日本の影響力を可能な限り確保しようとした。基本的には、米韓と歩調を合わせたが、米韓とは異なる日本の独自の影響力を発揮する場面もあった。

韓国から見ると、次第に北朝鮮に対する国力の相対的優位を自覚し始めたために、南北という枠組みに北朝鮮を引きずり込むことを基本としつつも、そのために必要な中ソとの関係改善に日米の影響力を利用しようとした。日本にとっても、朝鮮半島の平和が日本の安全保障環境にとって重要であることから、こうした韓国の要請に協力しつつも、日本の主導権を通した影響力確保のために、対中ソ、対北朝鮮外交を展開した。一九八〇年代の日本外交が、世界第二位の経済力という意味でも、そして中曽根政権という長期政権が外交を通した国際的影響力の増大という戦略性を強く持っていたことなどに起因して、日本の外交力が発揮されやすい事情があったからである。しかし、それ以後、こうした日本の外交力は冷戦の終焉、経済力の相対的低下、外交の戦略性の欠如と共に低下していくことになる。

ただし、韓国の北方外交は、日米に全面的に依存したものではなかった。独自のルートで中ソなど社会主義国との関係改善を模索した。韓国としても、外交上の秘密を要するようなこともあり、独自のルートを開拓して自力での社会主義諸国との関係改善を目指すことも考えなければならなかったからである。そして、社会主義国は韓国にとって輸出市場や投資先として有望であると認識されたため、それをめぐって次第に日韓が競争関係に突入することも予想されたからでもあった。

第五節　非対称な日韓協力と対称化の諸側面

韓国の民主化とソウル・オリンピック

一九八七年六月、韓国は従来の権威主義体制から民主主義体制へと大きく舵を切った。大統領直接選挙制を採用し、基本的人権の尊重を盛り込んだ民主的な現憲法が与野党合意と国民投票によって成立し、その憲法に基づいて八七年一二月大統領選挙が実施された。ただ、野党候補の金泳三《キムヨンサム》と金大中とで候補の一本化ができず、結果的に三六・六％という過半数に遠く及ばない得票率にもかかわらず与党盧泰愚候補が当選し、与野党政権交代は実現しなかった。権威主義体制から民主主義体制への移行は達成されたが、与野党政権交代は封印されたのである。

日本政府は韓国の民主化をタテマエとしては望ましいと考えていた。だからといって、当時の全斗煥政権に対して民主化のための影響力行使を、例えば米国と比べて、明示的に行ったというわけではなかった。その意味では、戒厳令を宣布させないように、さらに議院内閣制への改憲という妥協策を提示したりして、たとえ間接的とはいえ、韓国の民主化に向けて少なからぬ影響力を行使した米国とは対比される。権威主義体制の韓国との関係に慣れ、既得権益も形成されていたと言える。そうした韓国が民主化されることに不安がなかったと言えば嘘になる。

1987年6月23日，民主化運動の学生たち（提供：Patrick Robert-Corbis/Getty Images）

しかし、韓国が権威主義体制でなければ、そうした関係や利益を維持することができないというわけでもなかった。

ところで、一九八七年の韓国の民主化を支えたのは、それまでの持続的な経済発展であり、それに関して日本は経済協力を通して少なからぬ役割を果たした。八〇年代前半の「日韓安保経協」は全斗煥政権へのテコ入れという側面を持っていたが、全斗煥政権下での比較的良好な経済実績が、民主化へと向かう韓国政治の展開にとって妨げとなるどころか、促進要因となったことも注目されるべきだろう。先進民主主義日本と開発独裁韓国という非対称ではあったが、その協力関係が、韓国の先進国化、民主化を促進することで、結果として、日韓を対称的な関係に帰結させることになったのである。

もう一つ一九八〇年代の日韓関係に関して避けて通れない問題が、八八年のソウル・オリンピックであった。元々、八八年のオリンピックの立候補を考えたのは朴正煕政権であった。ただ、朴正煕政権は第二次オイルショックなどに起因する経済状況の悪化などもあり、一旦は断念した。しかし、全斗煥政権になって急遽立候補を決めたが、その最有力な競争相手が名古屋であった。激烈な競争を経て八一年西ドイツのバーデンバーデンで開かれたＩＯＣ(国際オリンピック委員会)会議での投票の結果、ソウル開催に決まった。事前の予想では名古屋有利という報道が日本ではなされていただけに、落胆は大きかった。

1988年9月10日，ソウル・オリンピックの開会式
(提供：朝日新聞社)

その後、民主化をめぐる国内政治の激動の中、一時は開催が危ぶまれたこともあったが、民主化を経て成功裏に開催された。ソウル・オリンピックは日本のみならず世界中に放映され、経済発展と民主化を達成した韓国の姿を誇示した。日本からも多くの観光客が訪れ、それまであまり知られなかったソウル、韓国の様子が日本でも知られるようになり、韓国は一挙に身近な存在になっていった。内閣府の世論調査によれば、韓国への親近感が初めて五割を超えたのも八八年であった。ただ、その後、再び親近感を持つ人の割合は低下し、再び五割を回復したのは二〇〇〇年であった(本章第三節図2参照)。

民主化以後、韓国政治は、一九九〇年二月の三党保守合同によって慶尚道《キョンサンド》に地域的支持基盤を置く保守政権が、盧泰愚、金泳三と二期一〇年続くことになった。民主主義の根幹ともいえる与野党政権交代は九七年一二月の大統領選挙を待たなければならなかった。政権交代が起こらなかったために、韓国の民主化が即座に日韓関係に重大な変化をもたらすことはなかった。ただし、韓国の民主化は、中長期的に日韓関係の構造に重大な変容をもたらすことになる。

このように、一九七〇年代、八〇年代を通して日韓協力の成果もあり、民主主義体制、先進資本主義市場経済という、政治経済体制を日韓は共有することになった。その意味で非対称な関係として出発した日韓関係は、約四半世紀の協力を経験することで対称的な関係に変容した。この変化の原動力を日韓協力だけに求めることはもちろんできないが、相当程度の影響があったことは否定できない。ただ、日本がそれを目指して貢献したというよりも、そうすることが日本の利益になると考えた結果である。

日韓関係が非対称であったから協力が容易であったという側面があった。一九八〇年代までのように、韓国が非民主的な体制であった方が日韓協力に起因する抵抗を相当程度抑えることができ、結果として日韓協力をスムーズにした。また、日韓協力の成果として日韓の国力格差が縮まったとしても、日韓の非対称さは日本がそれに敏感になる必要をほとんど持たせなかった。このように、お互いに非対称であった、換言すれば、あまりに違っていたことが、相互協力に伴う損益計算に関して、享受する利益には敏感であったとしても負担する費用にはそれほど敏感になる必要はなかったということになる。

日韓経済摩擦

こうした非対称な関係の下でも、日韓の間には摩擦や対立が存在していたことは強調されるべきだろう。しかし、相互の「鈍感さ」が、摩擦や対立を意識化することで対立を激化させることを抑えてきた。もしくは、それを上回る協力による利益の存在を相互に明確に認識していた。しかし、次第に、関係が対称化することを意識するようになる。その一つの現れが、この時期に顕在化した日韓経済摩擦であった。

一九八〇年代に入ると日韓経済関係には、次の二つの傾向が顕著になった。

第一に、韓国の持続的経済成長によって日韓の経済的格差が急速に縮まったことである。その結果、欧米諸国など第三国市場をめぐり日韓の競争が展開されるようになった。一九八五年「プラザ合意」による円高ウォン安が定着することによって、韓国の輸出製品の価格競争力が日本製品を上回るようになったのも、その一因であった。

第二に、日韓の分業関係は依然として基本的に垂直的分業関係であったことである。この二つの相異なる側面が集約されて現れた問題が、韓国の対日貿易赤字の増大に端を発した日韓経済摩擦であった。

一九八〇年代までの韓国経済は、日本から機械、部品、原資材を輸入して、それを使用したり加工したりして、完成品を生産し輸出することによって経済成長を牽引するというものであった。したがって、韓国の輸出が増大すればするほど日本からの輸入も増大するために、対日貿易赤字もより一層増大するという構図であった。現在でも、日本で韓国製の自動車や電化製品のシェアが他国に比べて極端に低いことは、日本市場の開拓がいかに難しいのかを示す。ただ、それまでも、対日貿易赤字が増大し、それがメディアや論壇などで批判的に論じられることはあった。韓国の対日貿易赤字が韓国経済の対日従属の象徴であり、韓国の経済成長の果実が日本に吸い取られているという批判が、韓国国内では提起されてきた。

さらに日韓の経済格差が縮まるにつれ、対日貿易赤字を是正しなければならないという主張が、韓国政府から提起されるようになった。そして、韓国政府が一九七八年に導入したのは「輸入先多角化品目制度」であった。これは、一国だけへの輸入依存度が高い品目に関して、リスクを減らすために輸入先を多角化することを義務づける政策であった。ただ、結果的に対象となったのは、韓国にとって最大輸入国である日本からの輸入品であった。これは国内世論やリスク管理を考慮したうえでの措置であったが、韓国経済の対日依存体質を前提にしながらも、それを何とか打破したいという「苦肉の策」でもあった。

こうした渦中の一九八六年、日本で『日韓経済摩擦――韓国エコノミストとの論争』という本が出版された。著者である松本厚治は韓国大使館に勤務した経験を持つ通産官僚であったが、韓国の対日貿易赤字をどのように考えるのかをめぐって韓国のエコノミストたちとの論争を紹介したものであった。松本の主張は以下のようなものであった。「韓国の対日貿易赤字は、韓国の産業構造や貿易構造を与件とするとそうならざるを得ないものである。貿易は二国間だけでなく多角的に考えるべきであり、その中で対日貿易赤字も位置づけるべきではないか。」それに対する韓国のエコノミストの応答は以下のようなものであった。「韓国の対日貿易赤字の増大はやはりそれ自体が問題であって、それを縮小しなければならない。そして、そのためには韓国の産業構造のより一層の高度化が必要であるが、それを達成するには何よりも日本から韓国への技術移転が重要である。」韓国政府が想定したのは、韓国経済の対日従属の象徴である対日貿易赤字の是正を日本からの技術移転を通して実現するという戦略であった。

それまでの日本における韓国経済分析として代表的なものは、隅谷三喜男『韓国の経済』（一九七六年）、渡辺利夫『現代韓国経済分析――開発経済学と現代アジア』（一九八二年）であった。前者が韓国経済に関する悲観的な展望で一貫していたのに対して、後者は日韓の垂直的分業こそが韓国経済の発展をもたらしたと主張したという点で対照的であった。しかし、いずれも日韓の垂直的分業関係を所与の前提とした点では共通していた。

しかし、『日韓経済摩擦』は、日韓が垂直的分業であることを与件とせず、是正するべき問題であるという認識を、日韓双方のエコノミストがある程度共有している点で、前二者とは対照的である。この背景には、日韓経済関係が、従来のような相互補完的な垂直的分業であることをもはや所与の前提にはできない、むしろある種の競争関係に突入しつつあるという認識の共有が存在した。

対称化に伴う対韓意識の変化

従来は、日韓社会の価値観に乖離があったのに加えて、交流や情報交換もあまりなかったために、国民同士の相互理解には限界があった。したがって、韓国では依然として韓国を支配した戦前戦中の日本イメージが強く、戦後日本が戦前戦中に比べて何がどのように変化したのかという視点は弱かった。日本でも、韓国は「軍事独裁の後れた国」というイメージが強く、戦前日本が韓国を支配することによって形成された韓国に対する蔑視とが相まって、日本社会では在日コリアンに対する差別が相当に残っていた。

それと関連して、当時、日本社会、そして、日韓間において問題になったのが、在日コリアンの指紋押捺問題であった。「外国人登録法」は日本に一年以上在留する一六歳以上の定住外国人に対して、登録時に本人確認のために指紋押捺を義務づけ、さらに五年ごとの更新時にも同様の義務を課していた。

それに対して「民族差別」だとして、在日コリアンを中心に指紋押捺拒否運動が展開された。これは日韓両政府間の争点ともなり、一九九二年に、外国人登録法の改正によって、永住者および特別永住者の指紋押捺制度は廃止された。これは、八〇年代になって、従来、問題視されてこなかった問題が「差別」として問題視されるようになるとともに、日韓両政府間で、在日コリアンの人権問題が本格的な議題として浮上したことを意味する。

さらに、日韓の対称化に伴い、等身大の韓国と向き合い、そこで生活する人々の社会、日常生活を知り、交流しようとする、従来にはなかった姿勢が日本社会にも登場するようになった。関川夏央『ソウルの練習問題――異文化への透視ノート』（一九八四年）は、こうした韓国への新たな関心のあり方を先取りしたものであった。

そして、こうした日本社会における韓国への関心の増大に伴い、ＮＨＫテレビ・ラジオで韓国語に関する講座が、一九八四年、ついに開講されるようになった。

当時日本では、「朝鮮語」という名称が一般的であった。大阪外国語大学（現・大阪大学）や東京外国語大学でも「朝鮮語学科」という名称が使われていた。しかし、韓国では「韓国語」が一般的に使用されており、日本政府に対しても「韓国語」という名称を使用することを要求した。

それから同時期、日本の放送では韓国や北朝鮮の人名は日本語読みをしていた。例えば朴正熙は「ぼくせいき」であった。しかし、この時期から、韓国の人名、地名などの固有名詞を日本語読みではなく、韓国語の原語読みで紹介するようになった。朴正熙を「パクチョンヒ」と呼ぶようになったのである。

日本では一九四五年以前を示す歴史用語や地理的な用語としては「朝鮮」が一般的であった。そして、大韓民国を「韓国」、朝鮮民主主義人民共和国を「北朝鮮」と呼ぶのが通常であった。ただ、一部には「南朝鮮」「北朝鮮」という呼称を使用すべきだという議論もあり、また、「北朝鮮」という呼称は不適切だという指摘もあった。英語で言えば「Korea」という言葉で済むわけだが、日本では「韓(国)」「朝鮮」という二つの言葉をどのように使い分けるのかという問題に直面する。

結局、NHKは「韓国語」でもなく「朝鮮語」でもなく『アンニョンハシムニカ　ハングル講座』という、苦肉の策だが、いかにも不自然な番組名を採用した。

このように、次第に、外交安保、政治、経済に還元されない日韓関係が見られるようになったことも事実である。そして、日韓が対称的になり、日本における韓国イメージも変化した。韓国は日本と「違った」「後れた」国ではなく、日本と価値観を共有できる国になったという新たなイメージである。日本は以前から「アジアにおける唯一の先進国」であると自他共に認めていたが、韓国の存在は、それに修正を迫ることになったのである。日本にとって、やっと理解し合える「仲間」ができたという「期待」を持たせることにもなった。

韓国にとっても、経済的先進国化にしても政治的民主化にしても、隣国日本は、今後韓国が踏み出す未知の領域に関する種々の挑戦を既にある程度クリアしてきた国として、いろいろな経験を学ぶ格好の「教材」であった。日本のみならず、欧米先進国も「教材」になるわけだが、文化的な近似性なども考慮すると、日本が最も身近な「教材」になり得ると考えたのである。

他方で、対称化ということは、優劣をめぐって争う競争関係にもなりうる。既に一九八〇年代には、経済面における第三国市場をめぐる競争に日韓は直面していたし、日本では、発展した韓国が日本の手強い競争相手になるという「ブーメラン効果」が議論され始めていた。また、韓国で使われるようになった「克日」は、「日本を克服する」つまり「日本に追いつき追い越す」という意味で使われた言葉であった。

こうした日韓間における共有する部分の増大と、競争意識の増大という二つの側面が、一九八〇年代末には形成されつつあった。この二つの側面が九〇年代以降どのような関係性をもって展開されていくのか、当時としては不透明であった。ただ、どちらかと言うと、日韓の共有部分の増大が日韓の相互理解を進めることで日韓関係を良好で生産的なものに発展させるという、楽観的な言説の方が多かったのではないか。

第四章　冷戦の終焉と対称的な日韓関係の到来
――一九九〇年代・二〇〇〇年代

2012年，ソウルの日本大使館前での水曜集会に参加する元「慰安婦」当事者と若者たち（提供：朝日新聞社）

競争、対立へ

ベルリンの壁の崩壊、ソ連の解体など、一九九〇年前後を境としてグローバルな冷戦は終焉を迎えた。また、韓国の持続的経済発展、政治的民主化、北方外交の成果などに起因して南北体制競争は韓国優位に帰結した。

従来、冷戦に起因した南北分断体制下の南北体制競争において、日韓の経済協力を通して韓国の優位という日韓双方にとっての協力目標は達成され、その使命を一旦は終えた。ただし、日韓は、北朝鮮の核ミサイル開発に起因した新たな危機への対応も要請された。日韓は何のために協力するのか、そして、何を生み出すのかという新たな挑戦に直面することになる。こうした新たな課題設定とそれへの対応を日韓双方がどのように自己変革を遂げながら取り組んだのかを考察する。特に、その到達点が一九九八年の「日韓パートナーシップ宣言」であった。この宣言の意義についても論じる。

しかし、宣言に伴う行動計画が策定されたにもかかわらず、その後、日韓関係は、領土問題、歴史問題、対北朝鮮関係などをめぐって、協力よりも競争、対立という側面が強くなっていった。日韓関係が漂流したと言っても過言ではない。こうした日韓協力の必要性と競争、対立に起因する日韓の葛藤という現実、こうした二つの側面がどのように関連し合って日韓関係が展開されたのか、そして、そのうち、なぜ後者の方が優勢になっていったのかを考察する。

第一節　日韓関係の構造変容——非対称から対称へ

均衡するパワー

第二次世界大戦終結後、七五年以上を経過する日韓関係の変化を一言で表現すると、それは「非対称から対称へ」という変化であった。大体、一九九〇年くらいを境として、それ以前の非対称期とそれ以後の対称期とに分けることができる。そこで「非対称から対称へ」という変化を具体的に見ていく。したがって、本節で扱う時期は九〇年代、二〇〇〇年代に限らず、現在に至る時期を含むことにする。

第一に、国力(パワー)の「均衡化」である。

GDP(国内総生産)などを比較すると、依然として日本の方が優位にあるが、一人あたりのGDPなどを比較すると、日韓の経済的格差が急速に縮まっていることは明らかである。一九七〇年の時点で日本の一人あたりGDPは韓国の七倍であったのに対して、二〇一八年には一・三倍まで縮まってきている。筆者の肌感覚も、日韓両社会の生活水準はほぼ同じである。

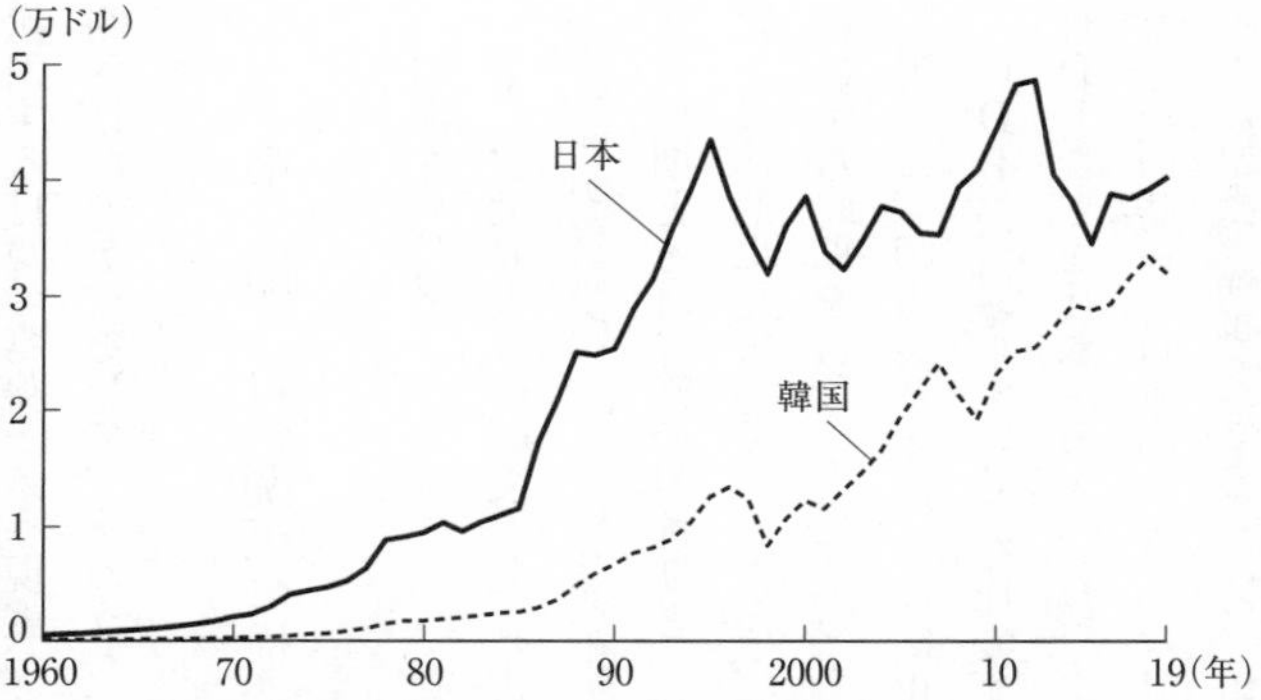

出典：韓国統計庁国家統計ポータル「国際・北朝鮮統計」

図3　一人あたり国内総生産

ただし、国力は経済力だけで判断されるものではない。軍事力も重要な要素である。また、パワーは所有概念であるだけではなく関係性の概念でもあり、争点領域やどの国との関係であるのかによって、パワーは相対化される。さらに、「構造力（structual power）」「ソフトパワー（soft power）」という概念が、特に冷戦の終焉後、提示されているように、規範を設定する力や、文化や学術面における魅力なども、当該国が他国や世界全体へ影響を与える力として考慮される。

そうした点を考えると、一九八〇年代までの韓国と、それ以後の韓国とは、国際政治における影響力を持つ国として、また、「韓流（한류 Hallyu）」に代表されるように文化面での世界的な影響力を持つ国として、比較にならないほどの違いがある。これは、国際社会の中で日韓の主張が対立する場合、どちら

の主張の方がより共感を獲得しやすいのか、などをめぐって展開される競争にも現れている。このように、単に量的に数値化された意味のみならず、国際社会への影響力という点でも、日韓が均衡してきていることは間違いない。

均質化する価値観

第二に、体制価値観の「均質化」である。

一九八〇年代までは、日本は先進資本主義国であり民主主義体制であったが、韓国は開発途上国であり権威主義体制であった。ところが、それ以後は、日韓共に、先進資本主義市場経済と民主主義体制を共有するようになった。八〇年代までの日韓は、異なる価値観に基づきながらも相互補完的な関係を構成してきたが、九〇年代以降は、均質的な価値観に基づいた新たな相互関係を構築していくという課題に直面することになる。体制価値観を共有するということは、相手国に対する関心や理解が深まることを意味する。維新体制下の韓国の人権状況を批判した日本社会に対して、韓国社会の一部では「上から目線」だとしてむしろ反発を感じることもあった。しかし、民主主義と人権の尊重を日韓は対等な立場から共感できるようになった。

しかし、その後の展開を見ると、日韓両社会で受け入れられる価値観の解釈が完全に一致しているわけではなさそうである。したがって、共有する体制の運用メカニズムも相当程度異なることにならざるを得ない。さらに、そうした解釈の違いや運用メカニズムの違いを相互に尊重するのではなく、その違いに起因した摩擦が生じていると言っても過言ではない。同じ「正義」という価値観に関しても、日本では「約束や合意を守る」というような「手続き的正義」が相対的に重視されるのに対して、韓国では「弱者、被害者も含めた関係当事者が納得し、その同意を得たという意味で正義に適うものである」というような「実質的正義」が相対的に重視される。

　例えば、日本では一九六五年の日韓請求権協定における「完全かつ最終的な決着」という国家間の約束を守ることが正義に適うことであると解釈される。また、「被害者救済」と言っても、それは現行法の範囲内で行われるべきものであり、それ以上の問題は法的義務であるというよりも行政の裁量の問題として扱われるべきだというのが、行政や司法の場での支配的な見解である。それに対して、韓国では、日韓請求権協定によって人権侵害などの被害者が救済されなかった事実に目を向けるべきであり、それを救済することこそが正義に適うと解釈される。また、「被害者救済」をするためには、条文の文言の許容範囲内で、できる限り柔軟な解釈を試みることが正義に適うとして、むしろそうした相当に柔軟な解釈が推奨される傾向にある。

　また、日韓は民主主義体制を共有するようになったが、その体制の運用メカニズムはかなり対照的である。「代議制という枠組みに基づいていかに秩序と安定を確保するのか」を重視する日本に対して、韓国は「「ろうそくデモ」のような直接民主主義に基づく運動によって、既存の民主主義体制を相対化し活性化する」ことを重視する。

二〇一六年から一七年にかけて、毎週末、ソウルの中心街の広場を埋め尽くすほどの多くの市民がろうそくを手にした集会「ろうそくデモ」が行われた。その力で、二〇一四年四月、修学旅行中の高校生などを乗せたフェリー・セウォル号が杜撰な運航に起因して沈没し、合計三〇四人の犠牲者が出たにもかかわらず、その救出の指揮に有効な対応を示さなかったこと、そして、自らと友人崔順実《チェスンシル》が関与して国政を違法に壟断《ろうだん》したこと、などを理由として、朴槿恵大統領の退陣を求める動きが本格化した。ちょうど同じ時期、日本では安倍晋三政権に関する「モリカケ問題」(首相個人もしくは周辺と関係のある森友学園と加計《かけ》学園について、首相周辺が何らかの便宜を図ったのではないかという疑惑)が提起された。程度の差はあるが、指導者個人に関わる不正疑惑であり、見方によっては類似の問題であった。

にもかかわらず、二人の政治的帰結は対照的であった。朴槿恵大統領は、国会で与党議員まで賛成に回って弾劾訴追が可決され、さらに憲法裁判所で罷免が決定された。これを支えたのは、「ろうそくデモ」に代表される、朴槿恵大統領の退陣を求める、民衆の直接民主主義に基づく要求であった。そうした韓国政治を見る多くの日本社会の目は、「何を騒いでいるのか」「政治が混乱している」「左派の陰謀だ」というような「冷めた見方」であった。それに対して、日本では選挙を行う度に与党が圧勝し、疑惑が解消されていないにもかかわらず、安倍政権は「禊ぎを受けた」格好になり、もうそれ以上問題にされなくなってしまった。そうした日本政治を見る韓国社会の目は、「日本の民主主義はどうしてしまったのか」「日本は本当に民主主義と言えるのか」というような、日本の民主主義に対する懐疑の目であった。

多層化・多様化する日韓関係――韓国の大衆文化

第三に、日韓関係の「多層化・多様化」である。

一九八〇年代までの日韓関係は、政府間関係と経済関係だけにほぼ集約されていた。しかし、九〇年代以後は、中央政府間の外交関係のみならず、地方自治体間の交流も活発になり、地方政府間関係が成立するだけでなく、市民社会の交流も盛んになった。単層的な政府間関係にくわえて、地方政府や市民社会を巻き込む多層的な関係によって構成されることになる。これは、韓国の民主化以後、地方自治が本格的に実施されることによって可能になったのである。ただし、日韓の地方政府間や市民社会間の関係が中央政府間関係とどの程度自律的に展開されているのか。日韓共に相対的に中央集権的な体制であり、また人口や種々の社会的文化的価値の首都圏集中が激しいこともあり、地方政府間関係が中央政府間関係に従属しやすいというのも事実である。

さらに、政治経済だけに集約されていた関係に、社会、文化などの領域が加わり重なり合うことになった。以前も民間交流がなかったわけではない。しかし、その関心領域は反共などの共通価値観に基盤を置く民間交流であった。しかし、そうした「反共協力」に還元されないような、例えば、教育、福祉、労働など種々の問題領域をめぐる交流や協力が、一九九〇年代、韓国の民主化以降、民間同士で活発になった。そして、そうした中でもひときわ顕著になったのが文化交流であった。日本文化が韓国で受け入れられ、逆に韓国文化が日本でも受け入れられる、そうした文化領域における相互浸透が進むようになったのである。

韓国では、独立以後、日本の大衆文化の浸透に対する規制が行われてきた。これは、日本による支配という過去を文化的に払拭するために採られた措置であった。日本歌謡およびその影響を色濃く受けた「倭色(ウェセク)歌謡」は放送が禁止された。韓国の一部などで日本の電波が「侵入」し日本のテレビやラジオが視聴されることもあったが、公式的には日本の大衆文化の流入は一九八〇年代までは禁止されてきた。ところが、民主化以後、特に九〇年代に入ると、半ば公然と衛星放送アンテナが一部の家庭に設置され日本の衛星放送が「越境」して韓国でも視聴されるようになった。そして、日本の大衆文化の流入が段階的に許されるようになり、ついに九八年、金大中政権の下で、日本の大衆文化の全面開放が決定され、日本の音楽や映画などの大衆文化が韓国に流入するようになった。

日本の大衆文化の流入規制は、当初は日本の文化的影響を排除することによって、文化的な自立を達成しようとすることであったが、次第に別の意味も加わった。日本の文化産業資本の高い競争力に韓国の文化産業資本は到底太刀打ちできないので、韓国の文化市場を日本資本に開放すると、日本の文化産業資本に韓国市場が支配されてしまうのではないかと危惧されたのである。ところが、結果から見るとそれは杞憂であった。日本の大衆文化が韓国に受け入れられるようになったことは確かだが、それ以上に韓国の大衆文化が「韓流」として日本にも受け入れられたからである。『冬のソナタ(겨울연가)』『宮廷女官チャングムの誓い(대장금)』に代表される韓国のテレビドラマや東方神起(동방신기)のような韓国アイドルが日本で受け入れられるようになった。

一九八〇年代まで、韓国は権威主義体制下で言論や表現の自由が制限されていたため、その文化についても、国境を越える魅力を持つものだとは認識されてこなかった。韓国の特殊性が強調され、それを理解してもらうものとして韓国文化が紹介されていた。しかし、九〇年代以降、民主主義体制下で表現の自由が確保され、さらに、韓国文化はグローバル化の中で厳しい競争にさらされる中、次第に、国際競争力を持つ魅力を育んできた。当初は、近隣の日中などアジアでの受容が先行していたが、二〇二〇年には映画『Parasite』(原題は『寄生虫(기생충)』、日本での題名『パラサイト　半地下の家族』)がアカデミー賞を受賞し、アイドルグループBTS

（防弾少年団）が全米ビルボードチャートで一位を記録するように、もはやアジアにとどまらない全世界的な市場を獲得しつつある。また、官民協力を通して戦略的に韓流を売り込もうとし、韓流スターをコマーシャルなどに積極的に起用することで、韓国製品の輸出にも貢献している。当初は、南北分断など韓国の特殊状況を題材とするものが多かったが、そうした特殊性のみならず、格差や貧困という普遍的な問題に取り組んだりした。また、韓国の置かれた分断という特殊状況を題材にしながらも、その特殊性だけを訴えるのではなく、むしろ普遍的な問題関心をも訴えかけようとする。韓国は人口五〇〇〇万で、一億二六〇〇万の日本などと比べると、文化産業自体が最初から国内市場だけを対象とするのには限界があり、世界市場を対象とすることが念頭に置かれていた。そうした点が韓流が世界を席巻する重要なきっかけを与えたと言えるのではないか。

双方向化

第四に、日韓関係の「双方向化」である。一九八〇年代まで、韓国の対日関心は高かったのに対して、日本の対韓関心は低かった。日本から見ると韓国は「反共の防波堤」として重要な国であったが、そうした機能的な存在以上ではなく、韓国それ自体への関心が高くなかったからである。それに対して、韓国にとって日本は米国に次いで関心を向けるべき国であった。韓国は日本に支配された歴史があるため、日本への反感を持つ人は多かったが、何よりも経済的に日本は米国に次ぐ重要な国であった。このように、韓国への日本社会の関心が低いのに対して日本への韓国社会の関心は高いという不均衡が存在した。それに伴って、関心、情報、その他の価値なども、日本から韓国へという一方向の流れが支配的であった。

しかし、一九九〇年代に入ると、そうした一方向だけの関係から双方向の関係へと変容してきた。韓国それ自体に対する関心が日本社会では増大し、それに伴い韓国に関連した種々多様な情報も日本に流入するようになった。特に、「韓流」という現象は、韓国文化が日本社会に相当に深く浸透することを可能にした。

また、韓国社会の豊かさの増大と海外旅行の活発化などに起因して、韓国からの訪日者数は瞬く間に日本の訪韓者数を超えて、二〇一八年には韓国の訪日者数が約八〇〇万人で日本の訪韓者数二五〇万人をはるかに上回っている。二〇一九年に入ってからは、「日本の対韓輸出管理措置の見直し」への反発などで訪日者は激減した。さらに二〇二〇年のコロナ禍の深刻化で日韓間の訪問者は激減した。そうした点を留保しつつも、韓国から日本への関心、情報、価値の移転は増大し、日本から韓国への移転に匹敵する、もしくは場合によってはそれを上回るようになった点は強調されるべきだろう。以上のように、日韓関係は双方向の関係へと大きく変容した。

競争相手となった日本

こうした四点を「非対称から対称へ」の変化という意味で「対称化」と表現するが、この「対称化」という日韓関係の構造変容は、日韓双方の政府や社会の選択にどのような影響を及ぼすのか。そしてその結果、日韓関係のあり方にどのような変化をもたらすのか。

ただ、「対称化」という構造変容が日韓双方の選択を規定し、その結果、日韓関係のあり方を一義的に決めるわけではないということに留意する必要がある。それを前提とすると、こうした構造変容をどのように認識し対応するのか、そうした日韓の政府や社会の選択が重要になってくる。

一九九〇年代以降の日韓関係を説明する場合のキーワードが「競争」ということになる。互いの質的もしくは量的違いに基づく「棲み分け」を志向するのではなく、質的にも量的にもわずかな差しかない「対称化」する状況の中、相手よりも少しでも優位に立とうとする「競争」である。

日本社会の主流から見ると、一方で、韓国との「対称化」は韓国と同じ土俵に立つことを意味するわけで、従来韓国を「一段下に見る」ことに慣れきった人たちからすると戸惑うことでもある。ただ、韓国には日本の立場をもう少し理解してもらえるのではないかという「期待」

が伴った。そうした期待が充足されるならば、新たな関係を構築するという選択肢が現実のものとなるかもしれない。しかし、それが裏切られた場合には、従来以上の失望感、嫌悪感を持つことになる。そして、従来、韓国に対して言うべきことを言ってこなかった「つけ」がこうした状況を招いたのだから、もうこれ以上は配慮したり譲歩したりするべきではないという主張が力を持つようになる。韓国に対して持っていた優位さに起因する「余裕」は影を潜め、逆にもうこれ以上譲れないという「焦燥感」が先行するようになる。

韓国社会の主流から見ると、今まで日本が優位に立つという意味での垂直的日韓関係の下、しかも日本の協力を必要としていた条件下では、本来であれば日本に対して要求するべきことを自制してきたという意識がある。ところが、日本に追いつくまでになり、もうこれ以上日本に一方的に協力を要請しなくてもよくなった状況で、従来自制してきた要求を今こそ堂々と日本に対して求めるべきであるという主張が力を持つようになる。ではなぜ過去において自制してきたにもかかわらず、今になって自制しなくてもよくなったのか。そうした過去の判断は、国民の意思を反映していない非民主主義的な、正統性を持たない旧体制によるものであり、それに従う必要はないと判断する。さらに、そうした過去の不正義を正すことが正義にかなうものだという判断があるのかもしれない。

しかし、日韓双方がこうした選択をしたらどうなるのだろうか。「競争」は相互に競い合って高め合うという相乗効果をもたらすことも十分にありうる。しかし、「相手には負けられない」、そのためには「相手の足を引っ張ってでも相手よりも優位に立つ」という選択をする場合には、非難合戦がエスカレートする。しかも、相手に対する非難のみならず、第三者に向けて「自分の言い分だけがいかに正しく、相手の言い分がいかに間違っているのか」をめぐる非難合戦にもなりうる。日韓関係のすべての領域において、こうした非難合戦が展開されているとは考えないが、少なくとも歴史問題に関する日韓の「歴史戦」では、こうした構図になっていると考えられる。さらに、こうした関係は歴史問題だけに限られるわけではなく、経済や安全保障、技術、学術など他の領域にも浸透していく可能性は十分にある。

「対称化」という日韓関係の構造変容は不可避である。だからこそ「競争」意識が台頭することも不可避である。そして、競争自体は決して互いにとってマイナスの価値をもたらすものではない。逆にプラスの価値をもたらすことも十分ありうる。例えば、スポーツなどに関して、日韓が相互に競争することを通して、いつの間にか日韓が世界の頂点を争うようになった場面はよく見られる。日韓は、その国力から見ても、また、国民の教育水準から見ても、こうした対等な競争関係になることは、不思議でも何でもない。そして、そうした競争関係が相互の社会をいかに生活しやすいものにしていくのかをめぐる競争へと発展していくことは、むしろ望ましい。

問題は、そうした「競争」が「対立」にまでエスカレートするのは必然的ではないにもかかわらず、日韓関係の現状は、そうした対立関係に陥りやすいことである。一九世紀末から二〇世紀前半、日本は韓国の歴史の前に立ちはだかって、その自律的な展開を妨害したという歴史的経験がある。しかも、それは、一九世紀後半における日韓の競争経験の帰結であった。韓国にとって、日本との競争を「善意の競争」と見るわけにはいかないというのは十分に理解できる。

それに対して、二〇世紀後半の歴史は、冷戦という状況であったが、ともかくも日韓の協力が、冷戦によって帰結された南北分断体制下の南北体制競争における韓国の優位を確保することに寄与した。この二つのある意味では対照的な歴史を日韓双方がどのように「抱きしめる」のか。こうした知的営為に、競争が非妥協的な対立の方ばかりに行かないための知恵を共有する鍵があるのではないか。

第二節　冷戦終焉と朝鮮半島への「配当」――南北関係の改善と限界

動き出す北朝鮮との対話

一九九〇年代に入り、グローバル冷戦の終焉は朝鮮半島にも「配当」をもたらした。韓国とソ連、中国との国交が、九〇年、九二年、それぞれ正常化され、九一年には日朝国交正常化交渉も開始された。盧泰愚政権は八八年の七・七宣言で、外交面における韓国優位を前提に、北朝鮮と日本との関係改善に反対せず支援することを明らかにしていた。ただし、盧泰愚政権、そして、その後継である金泳三政権も、「南北関係の改善よりも日朝関係の改善が先行しない範囲内で」という条件付きであった。

一九九〇年から九二年まで南北高位級会談が八回にわたりソウルと平壌で交互に開催され、南北基本合意と非核化共同宣言の合意など、一旦、グローバルな冷戦の終焉は朝鮮半島にも南北の平和共存の制度化の可能性を切り開いたかに見えた。そして、そうした流れに呼応するように、スパイ容疑で北朝鮮に抑留されていた日本人船長らを釈放帰国させるために、九〇年九月、訪朝して金日成国家主席とも会談した自民党の実力者金丸信議員(元幹事長)、田辺誠社会党副委員長と朝鮮労働党を代表した金容淳《キムヨンスン》書記との間で自民党・日本社会党・朝鮮労働党の三党共同宣言に合意し、翌九一年から日朝国交正常化交渉が開始された。

ただし、この結果を報告するために一九九〇年一〇月に訪韓した金丸に対して、盧泰愚大統領は苦言を呈した。それは、三党共同宣言における「過去に日本が三六年間にわたり朝鮮人民に大きな不幸と災難を及ぼした事実と戦後四五年間わたりに朝鮮人民に被らせた損失について、朝鮮民主主義人民共和国に対し公式的に謝罪し、十分補償すべきであると認める」という文言を問題視したからであった。植民地支配のみならず四五年から九〇年までの戦後四五年間の損失に対する謝罪と補償を明示したことへの不満であった。これは日韓国交正常化を先行させ北朝鮮を敵視したことに対する謝罪や補償ということにもなるため、韓国政府としては到底認められないとしたわけである。

このように、グローバルな冷戦の終焉、外交競争における韓国の優位に起因する韓国主導の平和共存の制度化は、日朝関係の改善に韓国がブレーキをかけて牽制するという、北朝鮮をめぐる従来の日韓関係を変容させた。韓国政府は、日朝関係の改善自体に反対しなくなっていた。日朝関係の改善が南北関係の改善にもプラスに働くと判断したからである。

ただし、北朝鮮は元来が韓国との関係改善とそれに伴う交流や協力の増大には警戒的な姿勢を示していた。国力が優位な韓国に有利な形で南北関係の枠組みが形成され、北朝鮮が不利な立場で「吸収統一」のリスクを抱えることになるからである。したがって、日米などとの関係改善の方が北朝鮮にとって大きな利益が得られるのであれば、それを南北関係の改善よりも優先する傾向にあった。

その結果、せっかく韓国主導で南北関係改善を進めたにもかかわらず、その動きにブレーキがかかってしまうことを韓国政府は憂慮した。日本政府は、グローバルな冷戦の終焉に伴い、最後に残った「戦後処理」とも言える日朝国交正常化に取り組む絶好の機会が到来したわけであり、韓国の理解さえ得られれば、それを実行に移そうと考えたのである。

このように、韓国主導の南北関係改善を阻害しない範囲内で日朝国交正常化を漸進的に進めるという点で、一旦日韓間には合意が形成された。日韓関係の「対称化」は、こうした合意形成の促進要因となった。日本政府は日朝関係を改善することが対韓交渉力を増大させることになるという認識を持ち、日朝関係改善に前向きに取り組もうとした。ただし、日本にとって韓国を「出し抜いて」日朝関係改善を企図することは、日韓関係を悪化させるリスクを伴う。そして、日本にとって日朝関係改善によって得られる利益よりも日韓関係が悪化することによる損失の方が大きい。したがって、日韓関係が許容する範囲内で日朝関係改善に取り組むことを選択する。韓国から見ると、「韓国主導」という条件が前提であり、それを尊重する範囲での日朝関係の進展が望ましい。もし日本が韓国を「出し抜く」つもりで日朝関係の改善に取り組み、それによって韓国主導の南北関係改善を阻害した場合は、対日批判を強めることになる。

北朝鮮の核開発

しかし、現実には、韓国が許容する範囲内の日朝関係の改善さえも進まなかった。まず、南北高位級会談が終了した直後から、南北双方の非核化を南北核統制共同委員会が保証するという非核化共同宣言に反して、北朝鮮が核開発を進めているという実態が明らかになったのである。

これは米朝間の問題としてエスカレートし、一九九三年に第一次核危機が勃発した。第一次クリントン政権は核不拡散(NPT)体制を守るためにも、北朝鮮の核関連施設に「外科手術的攻撃(surgical strike)」を行い物理的に破壊する可能性を模索した。しかし、こうした軍事行動はたとえ米国にとっては「局地戦」であったとしても、韓国に対する北朝鮮の軍事行動を誘発することで朝鮮半島全体に及ぶ「全面戦争」へと容易にエスカレートしてしまうため、韓国の金泳三政権は戦争の回避を模索せざるを得なかった。クリントン政権も韓国政府の要請を受け入れた。カーター米元大統領の訪朝に伴う金日成との会談があり、金日成の死を挟んで、一九九四年一〇月のジュネーブ米朝枠組み合意(Agreed Framework)によって、北朝鮮は現存の核開発をすべて凍結しプルトニウムをこれ以上抽出しないことを約束し、代わりに米国は北朝鮮につなぎのエネルギーを支援するとともに、北朝鮮国内に軽水炉型の原子力発電所を国際コンソーシアム(KEDO:The Korean Peninsula Energy Development Organization 朝鮮半島エネルギー開発機構)によって建設すること、そして、米朝の関係正常化に向けた具体的措置を取ることに合意したのである。

しかし、その後も、北朝鮮の核開発疑惑は依然として残っただけでなく、核弾頭の運搬手段になりうるミサイル開発が米朝間の新たな問題として浮上した。さらに、一九九四年の金日成の死後、金正日《キムジョンイル》体制に移行したが、金正日体制は「先軍政治」という軍事優先の政治を掲げるとともに、「苦難の行軍」と呼ばれるような厳しい食糧事情の下で、韓国および日米との関係改善は停滞を余儀なくされた。日本も北朝鮮の核兵器の射程に入ることは重大な軍事的脅威になるだけに、北朝鮮の動向に注視せざるを得なかった。そして、日朝国交正常化は北朝鮮に対する日本の経済協力が伴うことが予想されていただけに、核開発に取り組む北朝鮮に経済協力などできないという見方が政府、世論に根強かった。

ところで、この時期、日朝間には新たな火種がくすぶり続けた。拉致問題である。一九七〇年代後半を中心に北朝鮮に拉致された日本人に関する情報が、脱北者による証言など種々のルートを通じて顕在化し、拉致問題に取り組む議員連盟なども結成されることで、次第に重要な政治課題に浮上していった。拉致問題は必然的に日朝交渉を阻害する要因となるわけではなかったが、北朝鮮がその事実を認め問題解決に取り組もうとしない限り、日朝関係の改善は困難であった。日本社会は朝鮮半島との関係において「被害者」という経験を初めて共有することになり、対北朝鮮強硬論が日本社会に定着することになった。

一九九〇年代の北朝鮮をめぐって日韓両国政府は、北朝鮮の核ミサイル開発を警戒したために、それをめぐる協力関係を維持することができた。一方で、北朝鮮の核ミサイル開発は日韓の安全保障にとって直接的な脅威として認識されていたが、自力で北朝鮮の非核化を達成することができるわけではなく、同盟国である米国の力に依存せざるを得なかった。他方で、だからといって、第一次クリントン政権が一時期真剣に考えたような、北朝鮮の核関連施設を軍事攻撃によって破壊するという軍事的オプションの行使は、朝鮮半島における全面戦争を誘発しかねず、日韓にとって望ましい選択とは言い難かった。したがって、たとえ当事者になれず、しかもKEDOによる軽水炉建設の費用を負担しなければならなかったとしても、ジュネーブ米朝枠組み合意で北朝鮮の核開発が「凍結」されたのは、一旦は歓迎すべきことであった。

第三節　日韓歴史問題の浮上

河野談話とアジア女性基金

しかし、一九九〇年代の日韓関係がこうした北朝鮮をめぐる問題だけに集約されるわけではなかった。広義の歴史問題が日韓間で断続的に提起されるようになった。本格的に提起された代表的な歴史問題は、「慰安婦」問題であった。韓国の民主化や戦時下女性の人権規範の変化などに伴い、韓国人元「慰安婦」女性たちのカミングアウトが相次いだ。日本政府の立場は、植民地支配に起因する日本から韓国への経済的価値移転の問題は、六五年の日韓請求権協定によって「完全かつ最終的に解決済み」というものであった。しかし、「慰安婦」問題は、女性の人権に関わる敏感な問題であり、それまで公然化されてこなかったために、日韓政府間の争点として浮上したのである。

したがって、日本政府としても何らかの対応を迫られることになった。その結果、宮沢喜一政権は一九九三年河野洋平官房長官の談話(「河野談話」)という形で日本政府の立場を発表、「当時の軍の関与の下に、多数の女性の名誉と尊厳を深く傷つけた問題である。政府は、この機会に、改めて、その出身地のいかんを問わず、いわゆる従軍慰安婦として数多の苦痛を経験され、心身にわたり癒しがたい傷を負われたすべての方々に対し心からお詫びと反省の気持ちを申し上げる」と、軍の関与があったことを認め謝罪した。さらに、「そのような気持ちを我が国としてどのように表すかということについては、有識者のご意見なども徴しつつ、今後とも真剣に検討」するとした。具体的に、日本国内では政治的立場の違いを超えた比較的広範囲な支持を得て、民間主導で「女性のためのアジア平和国民基金(アジア女性基金)」を九五年に創設した。そして、政府も事業の一部に予算を支出するなど実質的に関与した。

韓国国内では、当初、こうした動きを歓迎し評価する動きもあったが、結局、韓国政府や社会は「日本政府が自らの法的責任を認め補償したものではない」として、この基金の活動を積極的に評価しなかった。その後も、この問題は一九九二年に始まった、ソウルの日本大使館前での「水曜集会」を通して持続的に提起された。のちに、「慰安婦」問題での韓国政府の不作為を違憲とする二〇一一年八月の韓国憲法裁判所の判断と、一二月の日本大使館前の「少女像」設置などをめぐって、日韓間の重大な争点に浮上していくことになる。ただし、一九九〇年代は、この問題が日韓関係全体に影響を及ぼすようなことは抑えられていた。自民党の宮沢喜一政権、与野党政権交代後の非自民連立の細川護熙《もりひろ》政権、その後、自民党が政権復帰のために社会党の村山富市委員長を担いだ自社さ連立村山政権と、歴史認識において比較的リベラルな政権、つまり戦前日本の歴史に対する反省を明確にした政権が登場し、その下で、河野談話(九三年)、戦後五〇年の村山総理談話(九五年)などが発表されたからでもあった。ただ、当時の韓国政府や社会は、こうした河野談話や村山談話を積極的に評価するというよりも、韓国の要求から見て不足な点を批判するということが多かったように思う。のちに、日本政府がこうした談話を「否定的に上書き」するようになった時点で、振り返ってこうした談話を守るように日本政府に要求するようになったのである。

歴史教科書問題

それ以外に日韓の争点となったのは、日本の歴史教科書をめぐる問題、そして、領土問題であった。歴史教科書問題は、一九八〇年代に入って日韓間で争点になり始めていた。日本の歴史教科書などで、日本の植民地支配に関わる諸問題がどのように記述されるのかに韓国政府や

メディアが関心を向けたからであった。韓国の立場からすると、自国を侵略し支配した歴史を持つ日本が、そうした歴史を二度と繰り返さないための教育をすることこそが、その再現を防ぐために必要であるにもかかわらず、そうした教育をしない日本には警戒を緩めることはできないし協力などとてもできないということになる。九五年一一月、村山内閣の江藤隆美総務庁長官の「植民地時代に日本はいいこともした」という発言に憤慨した金泳三大統領が「日本の悪い癖を直してやる(버르장머리를 고쳐 놓겠다)」と発言したのは、こうした韓国社会の見方を代弁するものであった。

元来、日本政府は、中韓との関係に配慮して一九八二年に「近隣アジア諸国との間の近現代の歴史的事象の扱いに国際理解と国際協調との見地から必要な配慮がなされていること」を規定した「近隣諸国条項」を設け、教科書検定に関して近隣諸国との関係に配慮するようになっていた。しかし、そうした中、日本国内で、中韓など近隣諸国への配慮が優先されることで、自国にとって望ましい歴史観を共有する教育が疎かにされているという批判が提起され、そうした考えを共有する研究者らが中心となって「新しい歴史教科書を作る会」が九六年に結成された。さらに、そうした動きを後押しする「草の根組織」として九七年には「日本会議」が結成された。そして、そうした「草の根保守」に賛同する政治家が、主として自民党の中で頭角を現した。政権与党として責任を負っていた自民党が、九〇年代になって野党になったことによって、政権与党としての政治責任から「解放」されることで、特に歴史問題に関しては、戦前日本の侵略戦争に対する国際的責任に真摯に向き合うのではなく、ともすればそれを「自衛戦争」だと正当化するという意味で「右バネ」が強く働くようになったのである。前首相である安倍晋三は、この代表的な政治家の一人である。ただし、九〇年代は、そうした「右バネ」勢力が政治や社会の主流になることはなかった。それは「新しい歴史教科書を作る会」が作成した扶桑社の中学校向け歴史教科書の採択率が、二〇〇一年には、わずか〇・〇三九%にとどまったことに示される。歴史教科書問題は、日韓間の争点にはなりつつあったが、日韓関係全体を左右するほどの爆発力を持つまでには至っていなかったのである。

竹島／独島をめぐって

一九九〇年代になってより一層顕在化していったのが、日本名「竹島」、韓国名「独島」をめぐる領土問題であった。元来、六五年の日韓国交正常化の交渉過程においても領土問題は議論された。五二年李承晩ラインの宣布以後、韓国名「独島」を韓国が占拠していたこともあり、日韓両政府とも、それぞれ自国の領土であることを主張しながら、その問題を実質的に「棚上げ」にすることで国交を正常化したのである。その後も韓国による占拠が続き、日本政府はそれを認めたわけではなかったが、放置した。韓国政府も同様に日本政府が現状変更を試みることはしなかったので、殊更に問題にすることはなかった。しかし、それまでの領海一二海里原則から排他的経済水域二〇〇海里とする国連海洋法条約が九四年に成立し、九六年にそれを日韓両国が批准するのに伴って、日韓は漁業協定を更新する必要に迫られた。したがって、再び竹島／独島の領有権問題が浮上することになった。結果的に、領有権問題を「棚上げ」にしたまま、九八年に新たな漁業協定に合意したのだが、日韓間には領土問題が存在することを内外に知らしめることになった。

冷戦体制下では、日韓は、その間の対立を可能な限り顕在化させないように相互管理してきた。しかし、冷戦が終焉し、日韓双方にとって協力のインセンティブが不透明になる中、双方とも関係に悪影響を及ぼすことになろうとも、この島が自国の領土であることを殊更に主張し始めるようになった。領土問題は国内向けに譲歩できない問題であるとともに、政治的立場を超えて「領土教育はしっかりやるべきだ」という意見に異論を唱えることは難しい。したがって、両政府が主張し始めると妥協は事実上不可能になる。

しかも、この問題は、日本にとっては領土問題であるが、韓国にとっては領土問題というよりも歴史問題であった。日本政府の立場では、元来が日本固有の領土であったものを一九〇五年に島根県が領土編入を宣言することによって法的にも明確にしたにもかかわらず、五二年に李承晩政権が不法占拠を始めたに過ぎないと見る。それに対して、韓国政府の立場に従えば、元来韓国固有の領土であったものを、日本が帝国主義侵略の第一歩として強引に領土に編入したに過ぎなかったので、韓国の独立と共に当然に韓国の領土になったと見る。したがって、日本が現在に至るまで「独島」の領有権を主張し続けることは、過去における侵略、植民地支配を何ら反省しない証拠だとみなすのである。

第四節　日韓パートナーシップ宣言──対称関係の「理想型」

日韓パートナーシップ

このように、日韓関係は一方で北朝鮮の核ミサイル開発への共同対応の必要性を痛感しながらも、歴史問題や領土問題などの日韓間の対立争点が次第に顕在化することへの対応にも迫られるようになった。

前者に関しては、一時、金泳三政権が、日朝関係の進展は南北関係の進展の範囲内でしか許容されないという姿勢を明示し、朝鮮半島問題に関して米中と南北朝鮮とで構成されるジュネーブ四者会談を開催するなど、日本の存在感の低下が顕著になった。しかし、一九九八年八月、北朝鮮が発射したテポドンミサイルが日本列島を越え太平洋上に着弾した「テポドン・ショック」という、日本の安全保障にとっての一大事などもあり、日本の巻き返しが奏功し、金大中政権下では日米韓で構成されるＴＣＯＧ(Trilateral Coordination and Oversight Group 日米韓による政策調整グループ)が九九年に設置されることになった。

この背景には、第二次クリントン政権における「ペリー・プロセス」と呼ばれる対北朝鮮政策の再検討作業があった。第一次クリントン政権は北朝鮮の核関連施設への「外科手術的攻撃」オプションを真剣に考慮したが、第二次クリントン政権は、元国防長官ウィリアム・ペリーを対北朝鮮政策調整官に任命し、対北朝鮮政策の再検討作業、いわゆる「ペリー・プロセス」に着手した。

そうした中、一九九七年一二月の韓国大統領選挙で野党の金大中が当選、与野党政権交代がついに実現した。金大中は、北朝鮮との関係の改善に並々ならぬ意欲を示した。北朝鮮に対する関与を強め、北朝鮮を南北関係の枠組み、さらに国際的な枠組みに取り込むことによって、北朝鮮への影響を強めようとするアプローチを採用した。当初は「太陽政策」、もしくは「包容政策」、のちに「和解協力政策」として、それを打ち出した。

そして、日米に対しても、対北朝鮮関係が南北関係よりも先行しないように釘をさした金泳三政権とは異なり、日米の対北朝鮮関係の改善が南北関係の改善にも貢献するという理由で、北朝鮮との関係改善を勧奨した。米国は「ペリー・プロセス」を通して、こうした韓国の対北朝鮮政策に「便乗」することを決断、北朝鮮の核ミサイル開発の抑制を、米朝関係の改善と関連づけて包括的に解決することを志向した。

そのためには、日韓両政府も一九九〇年代を通して顕在化しつつあった歴史問題がエスカレートして日韓関係全体を揺るがさないようにする慎重な姿勢を選択した。もちろん、歴史問題、領土問題という火種が燻っていたが、日韓の政治指導者はそれが拡大することを抑えたのである。

さらに、金大中政権はそれに優るとも劣らない重要な課題に直面していた。金泳三政権末期の一九九七年末に直面したIMF(国際通貨基金)危機という「国難」の克服であった。国際金融資本が韓国から一斉に投資資金を回収することで、韓国政府の保有外貨が底をつき、韓国政府はIMFへの緊急融資の要請に追い込まれ、緊縮財政を余儀なくされたのである。金大中政権は危機克服のために積極的な外資導入が必要であるとし、そのために日韓関係を良好にしておく必要が従来以上に高まっていた。確かに、韓国経済に占める日本の比重は九〇年代に入って相対的に低下したことは事実である。輸出市場、投資市場としての中国などの比重が高まったからである。しかし、金融面に関しては依然として日本の比重が高く、日本の金融機関からの借り入れが順調にいくことが危機克服のためには必要であった。日本としても、韓国をはじめとしたアジア通貨危機が深刻化することは日本経済にとってマイナスであり、また、アジアにおける日本の経済的比重を維持するためには、その克服に日本が積極的な役割を果たすことが重要だと認識した。

日韓両政府のこうした姿勢が結実したのが、一九九八年一〇月、金大中大統領の訪日を機に合意した「日韓パートナーシップ宣言(日韓共同宣言——二一世紀に向けた新たな日韓パートナーシップ)」と「行動計画(二一世紀に向けた新たな日韓パートナーシップのための行動計画)」であった。

1998年10月8日，日韓パートナーシップ宣言に合意する小渕恵三首相(右)と金大中大統領(左)．(提供：朝日新聞社)

元来、金大中は一九二五年生まれで植民地時代に教育を受けたため日本語を話せる世代である。金大中と日本との関係において避けて通れないのが、七三年八月の金大中拉致事件であった。金大中は、この事件に関する日韓政府間の「政治決着」を批判し続けただけに、日本政府は金大中が大統領として訪日することに不安を持っていた。金大中はそうした日本国内の不安を払拭するかのように、日本の国会演説で、戦後日本の平和憲法に基づく民主主義と経済発展という歴史的経験を高く評価するという、従来の韓国の指導者にはなかった姿勢を明確にした。そして、小渕恵三首相との間で、日韓パートナーシップ宣言とそれを実現するための行動計画に合意した。宣言だけでなく、それを実現するための具体的な戦略についても合意が形成されたことは、この宣言に関する日韓両政府の本気度を示したものであった。行動計画で重視されたことは、国際社会に向けた日韓の協力を蓄積することによって、日韓の間の問題に対する相互認識を変えていくという戦略であった。

共通の普遍的理念

日韓パートナーシップ宣言の特筆すべき意義として次の三点を指摘することができる。

第一に、市場経済と民主主義という共通の価値観を相互に認めて、それに基づいて協力関係を発展させていこうとする強い意思である。

一九九〇年代は協力が行われながらも、その間の歴史問題に追われた日韓関係であった。日韓パートナーシップ宣言では、そうした限界を突破することが期待された。そして、日韓の体制価値観の共有が強調された。宣言の第三項は、以下のような認識が示された。

両首脳は、日韓両国が、自由・民主主義、市場経済という普遍的理念に立脚した協力関係を、両国国民間の広範な交流と相互理解に基づいて今後更に発展させていくとの決意を表明した。

一九六五年の国交正常化以降の日韓の協力が日韓双方の発展に貢献してきたという認識を共有する。そのうえで、日韓双方が、戦後の発展と民主化を実現してきたことを再確認し、そうした共通の価値観に基づいて協力関係をさらに発展させていくという決意を表明したのである。

韓国では、日本が過去の侵略、植民地支配に関して謝罪していないという「固定観念」が現在に至るまで続く。確かに日本社会の一部、さらには政治家も含めて「何も悪いことはしなかった」という認識を持つ人がある程度いることは事実である。しかし、一九六五年の椎名外相の訪韓時の「深く反省する」というメッセージから始まり、いろいろな表現が使われたが、日本の政府と社会は、植民地支配それ自体が韓国の人たちの意思に反して行われたものであるという認識を相当程度共有していた。ただ、韓国併合条約の違法性を認めるというところまでは踏み込まなかったし、「独島は韓国の領土である」という韓国の主張を認めないというのが、現在までも続く日本政府の立場である。韓国の政府や社会は、日本が悪いと思っているのであれば、こうした韓国の主張を認めるべきだということになるが、日本の政府や社会は、それとこれとは別の問題であるという立場である。

それ以後も、植民地支配やそこで行われた朝鮮人に対する人権侵害に関して、河野談話、村山談話、二〇一〇年の菅談話、二〇一五年の「慰安婦」問題に関する政府間合意などで、日本政府は謝罪してきた。しかし、韓国の政府や社会は、それは「心からの謝罪ではない」という見方が強い。そして、その例証として、日本側にその談話を否定するような動きがあったことを指摘する。

また、韓国では、一九六五年の日韓国交正常化が韓国にとって不利なものであり満足できないという批判があり、それ以後の日韓協力の歴史についても、それを積極的に評価したくないという思いが強い。それは、「日本の協力のおかげで韓国が発展した」という解釈につながるからである。それが事実であるとしても、素直に認めたくはない心情がある。「日本のおかげで発展した」のではなく「自力で発展した」ということを主張したいのである。

しかし、そういう中で、「一九六五年の国交正常化以来、各分野で緊密な友好協力関係を発展させてきており、このような協力関係が相互の発展に寄与したことにつき認識を共にした」という歴史認識に両政府が合意したことの意味は過小評価されるべきではない。日韓協力が双方の利益にとって十分な成果を収めたという共通理解を確認したのである。閣僚会談や首脳会談のたびに合意される文書で、日韓協力の必要性について確認されてきたが、長期間にわたる日韓協力の歴史の評価に関する首脳間の合意は初めてであった。

韓国では、日本には理解し難い「親日派」問題が、現在に至るまで燻り続ける。「国や民族を裏切って国を日本に売り渡した」、そして「積極的に日本の支配に協力した」人たちを「親日派」と呼んで、「裏切り者」として批判することが行われてきた。にもかかわらず、そうした「親日派」への処分が徹底して行われてこなかったことへの批判が、韓国社会の一部には燻ってきた。韓国社会の主流を構成してきた保守勢力が「親日派」の系譜を継承するとみなされてきたからでもあった。したがって、こうした「負い目」を意識するあまり保守勢力の方が時に日本に対して殊更に強硬姿勢を示そうとする傾向にあったことも否定できない。だからといって進歩リベラル勢力が日本に寛大であったというわけでは決してない。

では、なぜ、この時期、こうしたことが可能であったのか。一つには、独裁政権下の与党の系譜を部分的に継承する保守政権ではなく、金大中政権という進歩リベラル政権であったという点が大きい。しかも、金大中は、自らの拉致事件や死刑判決などに関して日本の支援勢力との交流があったために、韓国の政治指導者の中でもひときわ日本を熟知し、日本に信頼しうる知人が多いという意味で「知日派」であった。金大中が、戦後の日韓協力の成果を肯定的に評価するような対日認識を示したとしても、韓国国内では批判され難かったのである。また、日本も自民党の中で比較的リベラルな歴史認識を持つ小渕恵三が首相であった。したがって、日韓関係に関する相互評価を接近させることが可能であった。ただし、こうした個人的要因に依存した日韓関係は脆弱さをはらんでいたとも言える。

北朝鮮への姿勢

第二に、日韓パートナーシップ宣言の意義として、対北朝鮮関与政策をめぐって日韓が一致し、協力することを明確にしたことである。

この時期の日韓関係は、金大中政権の対北朝鮮和解協力政策を日米が支持し、日米韓が対北朝鮮関与政策で一致していた時期であった。したがって、日韓双方とも対北朝鮮問題をめぐる協力を阻害しないように、日韓関係を管理しておく必要があった。北朝鮮は、日米韓関係に楔を打ち込むことによって、外交の選択肢を広げられると認識した。それに対して、金大中政権は和解協力政策を北朝鮮に受け入れさせるために、そうした隙を見せないことが重要であっただけでなく、その政策の効果を最大化させるためには日米の支持を動員することが重要だと考えた。小渕政権も、北朝鮮のミサイルの射程に日本が入ってしまったという安全保障の危機に直面しながらも、日本単独での対応には限界があり、韓国の金大中政権の和解協力政策に協力するという以外に、とりあえず有効で現実的な選択肢がなかったのである。

こうした日韓の認識は、パートナーシップ宣言の第七項の次のような文言にも反映されていた。

両首脳は、朝鮮半島の平和と安定のためには、北朝鮮が改革と開放を指向するとともに、対話を通じたより建設的な姿勢をとることが極めて重要であるとの認識を共有した。小渕総理大臣は、確固とした安保体制を敷きつつ和解・協力を積極的に進めるとの金大中大統領の対北朝鮮政策に対し支持を表明した。（中略）両首脳は、北朝鮮による先般のミサイル発射に対して、国連安全保障理事会議長が安保理を代表して表明した懸念及び遺憾の意を共有するとともに、北朝鮮のミサイル開発が放置されれば、日本、韓国及び北東アジア地域全体の平和と安全に悪影響を及ぼすことにつき意見の一致をみた。両首脳は、両国が北朝鮮に関する政策を進めていく上で相互に緊密に連携していくことの重要性を再確認し、種々のレベルにおける政策協議を強化することで意見の一致をみた。

ただし、対北朝鮮政策をめぐる日韓協力の必要性が、日韓関係の管理の重要性を認識させるという好循環が持続するという保証はなかった。それは、その直後に行われた日韓協力事業に両義的に現れた。

日韓サッカー・ワールドカップ二〇〇二

日韓が競争しながらも協力した成果が二〇〇二年の五月から六月にかけての日韓ワールドカップ共催であった。それまでヨーロッパと中南米・北米とでほぼ交互に開催されていたものを、初めてアジアで開催することにしたのである。そして、その招致をめぐって日韓が激烈な競争を展開した。投票でどちらか一方の開催に決定したとしても、しこりが残ってしまうと言われるほどの激しさであった。当初、一九八〇年代から準備を進めていた日本が先行したが、九〇年代に入って韓国が遅れて参戦し猛烈に巻き返してきた。大会を主催するFIFA（国際サッカー連盟）の次期会長選挙をめぐる対立などの影響を受け、九六年土壇場で日韓の共催が、急遽妥協案として浮上した。最後まで日本は単独開催にこだわったが、結局、日韓共同開催を受け入れるにいたった。この背景には、日韓双方とも相手国の単独開催に決まった場合のリスクを考慮しなければならないという事情があり、次善の策として受け入れざるを得ないという政治判断が働いたからである。

日韓ワールドカップは、一旦、成功裏に開催され、日韓共に決勝トーナメント進出を決め、日本はベスト一六に、韓国はベスト四まで進出した。これによって、日韓が協力することによって国際社会に対して新たな価値を創造したという「成功体験」を収めることができた。その意味で、こうした日韓協力による国際社会に対する貢献、新たな価値創造という「成功体験」の意義はどんなに強調してもしすぎることはない。今後とも、日韓の間では、こうした取り組みが絶え間なく行われることになるだろう。

しかし、他方で、相互の競争意識がより一層激しさを増すことによって、以後の日韓対立の種を蒔いたと解釈することもできる。その意味では日韓関係には両義的な意義を持つエピソードであった。

地球へのまなざし

第三に、地球的規模の諸問題の解決に向けての協力を強調することで、日韓関係を国際公共財として位置づける姿勢を明確にしたことである。宣言の第九項では、次のような表現が示される。

地球環境問題に関し、とりわけ温室効果ガス排出抑制、酸性雨対策を始めとする諸問題への対応における協力を強化するために、日韓環境政策対話を進めることとした。また、開発途上国への支援を強化するため、援助分野における両国間の協調を更に発展させていくことにつき意見の一致をみた。

従来の日韓首脳会談の主要議題は何よりも日韓の間の問題であった。それに対して宣言では、協力を深める日韓関係を一つの行為者として、それが地球環境問題や途上国援助問題など地球規模の問題に取り組むことによって、新たな価値を創造することができると確信し、それに基づいて協力することを明確にしたのである。こうした発想は、その後の日韓関係にも継承される「国際公共財としての日韓関係」という新たな発想であった。

その他、宣言では、多くの領域に及ぶ多層的な交流を活発に進めていくことにも合意し、特に若者同士の交流プログラムが積極的に導入された。

宣言以後、二〇年以上が経過するが、その間、日韓の交流が進んできたことは確かであり、今後の日韓関係に関して、そうした蓄積が相互の摩擦の緩和や「国際公共財としての日韓関係」の実現に貢献することが期待される。実際に、そうした基礎が形成されてきていることも強調されるべきであろう。

第五節　北朝鮮の核ミサイル問題——共通脅威に応じた相互補完的協力

ブッシュ共和党政権の登場

対北朝鮮関与政策をめぐる日米韓の協力は二〇〇〇年の南北首脳会談と六・一五南北共同宣言、クリントン大統領の訪朝可能性さえ議論にのぼるほどの米朝関係の急進展、二〇〇二年九月の日朝首脳会談と日朝平壌宣言を帰結させた。北朝鮮としては、日米韓に楔を打ち込んで対北朝鮮政策を競合させることが困難になったために、バランスよく日米韓との関係改善に踏み出すことが、経済停滞に伴う体制の生存危機という、北朝鮮の抱える恒常的な危機を打開するためには必要だと認識したからだと推測される。

ところが、ブッシュ共和党への政権交代により、まずは米国がその協力隊列から離脱することになる。ブッシュ政権は、少なくとも初期には、クリントン政権の対北朝鮮関与政策とは一線を画し、それに伴って金大中政権の対北朝鮮和解協力政策に懐疑的な姿勢を示した。政権内の「ネオコン」と呼ばれる勢力は、北朝鮮のような「国民を飢えさせても何とも思わないような」非道徳的な政権は制裁圧力を加えることで「レジーム・チェンジ(政権転覆)」させなければならないという主張を展開した。だからといって、そうした圧力政策によって北朝鮮を屈服させることに成功したわけではなかった。

小泉訪朝と日朝平壌宣言

日本の対応は、米国とはかなり時差があった。第二次核危機の直前までは、韓国の対北朝鮮和解協力政策に便乗した。二〇〇二年九月一七日、小泉純一郎首相は日本の首相として初めて訪朝し、金正日国防委員長との間で日朝首脳会談を開催、日朝平壌宣言に合意し、停滞した国交正常化交渉を再開させようとした。金大中政権が日朝関係改善を金正日委員長に勧めたという側面支援があった。これは、ブッシュ政権の登場以後、米国の対朝鮮半島政策が不透明さを増す中で、対北朝鮮関与政策に関する日韓協力を維持しようとする試みであった。

首脳会談で、疑惑にとどまっていた日本人拉致の一部を金正日自身が事実として認め、そのうち五人の生存者を一時帰国させることに合意した。北朝鮮としては日朝間の懸案であった拉致問題に一応の区切りをつけて国交正常化に拍車をかけることを目指したと思われる。小泉首相も、それを受け入れ日朝国交正常化交渉を進めることを明記した日朝平壌宣言に合意した。しかし、北朝鮮が拉致犯罪を認め、特に関心の的であった「横田めぐみ」さんが既に亡くなったと発表したことで、日本国内では複雑な反応が惹起され、結果として交渉の再開をより一層困難なものにした。

拉致犯罪の事実を全く認めてこなかった北朝鮮が部分的にその事実を認めたが、「それは事実ではなく、信頼することはできない。拉致された人たち全員が生存しているという前提に基づき、拉致された日本人全員を奪還するために北朝鮮に圧力をかけ譲歩を引き出すべきだ」という強硬な世論が支配した。小泉首相は交渉の継続を模索し、二〇〇四年五月に再度訪朝し、既に帰国していた被害者の家族の帰国を実現させたが、日本国内では日朝国交正常化交渉の再開を求める声は少数派にとどまった。

小泉第一次訪朝とほぼ同じ時期に勃発したのが、北朝鮮による核開発の公然化に起因した第二次核危機であった。北朝鮮は潜在的に進行していた核開発を公然化させ、一種の瀬戸際戦術を採ることで、二国間の交渉に米国を引きずり込もうとしたのである。二〇〇二年一〇月、ケリー米国務次官補の訪朝が契機となり北朝鮮は核開発継続を事実上認めた。そのため第二次核危機が勃発し、「北朝鮮は嘘をついていたのであり、信頼できない」という国際社会の強硬論が高まった。このように、日本では拉致問題に加えて核ミサイル問題までも加勢して対北朝鮮強硬論が高まった。そして、小泉政権後、北朝鮮に対する圧力強化による拉致問題解決を最優先公約の一つに掲げた第一次安倍政権が二〇〇六年に登場したこともあり、日朝国交正常化交渉は挫折を余儀なくされた。

歴史・領土問題の再燃

また、小泉首相は自民党総裁選挙での公約を守るという意味で、二〇〇一年以降、毎年のように靖国神社の公式参拝を断行した。そして、二〇〇六年にはついに八月一五日の終戦記念日に参拝を強行した。中曽根首相の一九八五年を最後に、日本の歴代首相は靖国神社公式参拝を自制していたのだが、小泉首相はそのタブーを破ったのである。中国はもちろん韓国でも、これに対する批判が高まった。靖国神社は日本の帝国主義、軍国主義の精神的支柱であったし、一九七八年には第二次世界大戦へと日本を駆り立てた「A級戦犯」を合祀した。そこを日本の現職首相が参拝するということは、日中戦争や第二次世界大戦に邁進した日本の歴史に対する反省を何もしていないことを意味すると、戦争被害を最もこうむった中国や植民地支配を受けた韓国では受け止められた。小泉首相は「戦没者への哀悼の意を表すため」だと言うが、靖国参拝は中韓を刺激した。

しかし、盧武鉉《ノムヒョン》政権は、それを批判したが当初は慎重に対応した。それは小泉政権の対北朝鮮政策に期待したからだと考えられる。盧武鉉政権は、「平和繁栄政策」と名前を変えながらも、金大中政権の対北朝鮮政策を基本的には継承しようとした。しかし、ブッシュ米政権は北朝鮮との交渉の余地は残したものの、盧武鉉政権の対北朝鮮関与政策とは一線を画した。その結果、北朝鮮としても、米国の支持のない韓国の対北朝鮮政策では北朝鮮が獲得したい成果を得ることはできないと考え、南北交渉に消極的になった。こうした中、唯一、日本の小泉政権が依然として対北朝鮮関与政策に前向きな姿勢を維持した。盧武鉉政権としては対日批判によって日韓関係を悪化させ、対北朝鮮政策に関する日韓協力の可能性を閉ざしてしまうことを憂慮したからであった。

しかし、日本国内の対北朝鮮世論が、拉致問題の公然化と第二次核危機に起因して悪化することで、小泉政権の対北朝鮮関与政策の持続が困難になったと判断することで、盧武鉉政権は従来自制していた対日批判を公然化することになった。特に、盧武鉉政権を刺激したのは領土問題であった。二〇〇五年二月の島根県議会で竹島が日本領土であることを前提とする「竹島の日」条例を制定する動きが顕在化したが、日本政府はそれを抑えようとはしなかった。さらに高野紀元《としゆき》駐韓大使がソウル外信記者クラブの会見で「竹島は日本領だ」という外交官としては当然の発言をしたが、それが韓国政府と社会を刺激することで、盧武鉉政権は「対日新ドクトリン」を発表、歴史問題や領土問題で「外交戦争も辞さない」という姿勢を明確にした。

さらに、二〇〇六年九月、韓国にとって「歴史修正主義者」として警戒対象であった安倍晋三政権（第一次安倍政権）が成立し、河野談話を揺るがしかねないような閣議決定を行い、日韓関係はさらに悪化した。既に小泉政権末期には日韓関係の緊張が高まり、首脳間のシャトル外交も中断を余儀なくされていたが、第一次安倍政権が短命に終わったこともあり盧武鉉大統領との日韓首脳会談は開催されなかった。

難航する六者協議

北朝鮮の核ミサイル問題をめぐっては、二〇〇三年に、日本・米国・韓国・中国・北朝鮮・ロシアで構成される六者協議が結成され、北朝鮮に非核化を迫るとともに、それに対する見返りをどうするのかが議論された。日本としては、一九九七年から開催されたジュネーブ四者会談のメンバーから排除されただけに、六者協議という枠組みはとりあえず歓迎すべきことであった。ただし、この六者協議は北朝鮮が求める米朝協議のある種の代替物として、米国が中国を議長国として巻き込んで結成したものであった。実質的には、中国が議長国として米朝の対立争点を仲裁することが基本であった。したがって、日韓は北朝鮮の核ミサイル開発に起因する軍事的脅威を最も直接に感じる当事者でありながらも、六者協議においては相対的に周辺的な地位に追いやられることがしばしばであった。

だからといって六者協議の中で日韓が自らの立場を強化するために協力するという選択は採り難かった。韓国から見ると日本は拉致問題など北朝鮮の核問題と直接関係のない二国間の問題を取り上げることで六者協議の合意を阻害していると映った。それに対して日本から見ると、盧武鉉政権は北朝鮮の非核化が検証可能な形で実現される保証がないにもかかわらず、北朝鮮への関与政策に前のめりになっていると映った。

六者協議の中で唯一出された二〇〇五年の九・一九共同声明でも、北朝鮮への関与に関する日韓の違いは極立った。韓国は「その領域内において核兵器が存在しないことを確認するとともに、一九九二年の朝鮮半島の非核化に関する共同宣言に従って核兵器を受領せず、かつ、配備しないとの約束を再確認した」と、北朝鮮の非核化の約束に応じた韓国の非核化への強い意思を再確認した。それに対して、日本は「平壌宣言に従って、不幸な過去を清算し懸案事項を解決することを基礎として、国交を正常化するための措置をとることを約束した」と、懸案事項である拉致問題の解決を、国交正常化の前提条件として再確認するにとどまったのである。

盧武鉉政権は、北朝鮮の非核化が不透明であるにもかかわらず、二〇〇七年一〇月二～四日盧武鉉大統領の陸路訪朝による南北首脳会談を開催し、「西海《ソヘ》平和協力特別地帯」を設置し、南北協力事業を推進することを明記した、一〇・四南北共同宣言（「南北関係の発展と平和繁栄のための宣言」）に合意した。しかし、その直後の大統領選挙では保守野党の李明博《イミョンバク》候補が大差で当選したこともあり、こうした成果は次政権には継承されなかった。また、六者協議も、二〇〇八年一二月を最後に開催されなくなり、北朝鮮の非核化という当初の目標は実現されずに終わった。

日韓の相互不信

ちょうど、盧武鉉政権と日本の小泉政権、第一次安倍政権との組み合わせは、前半においては対北朝鮮政策に関する日韓協力の期待があったにもかかわらず、後半には、それが霧散して日韓両政府間の相互不信が増大していくという帰結をもたらすことになった。

日本の自民党保守政権から見ると、同じ進歩リベラル政権であっても、金大中政権のような知日派であれば、ある程度相互理解が可能だが、盧武鉉政権は、それとの間のパイプもなくどのような考えなのかがよくわからない政権であった。盧武鉉政権は、イラク戦争への韓国軍派兵や米韓ＦＴＡ（自由貿易協定）締結など米韓関係には関心を向けた。ともかく韓国の対北朝鮮政策へ米国の協力を獲得するためには、米韓関係を管理しておく必要があるという強い動機づけがあったからである。

ところが、対日関係に関しては盧武鉉政権は初期、日本を対北朝鮮政策の協力対象として重視したが、それが期待外れに終わると、歴史問題や領土問題という争点を抑えてまで日韓関係を悪化しないようにしておく動機づけをそれほど感じなくなったので、それを放置したのである。他方、日本政府としても、対北朝鮮政策での乖離が次第に目立つようになり、しかも、韓国政府の努力にもかかわらず米韓関係も動揺する中で、韓国との関係を管理しておく動機づけをそれほど感じなくなってしまったということではないか。

こうした日韓関係は、日韓パートナーシップ宣言を契機に取り組まれるようになった日韓FTAの交渉にも反映された。交渉に向けての研究が行われながらも、日韓それぞれの国内に慎重論もあり、結果として締結されるには至らなかったのである。

第一に、それぞれの複雑な利害得失があったために、締結するためには政治的決断が必要であったのだが、日韓双方の国内事情により、そうした政治主導が提供され難かったからである。日韓が対称関係になればなるほど、相互の利害得失状況により敏感になったことが、締結の機会を失わせてしまったと見ることもできる。

第二に、日韓FTAをめぐる交渉が停滞する状況下で、日韓を取り巻くようなより広範な多国間のFTA、EPA(経済連携協定)が進むことで、あえて日韓二国間のFTAを締結する必要性が低下したためである。ただし、日韓FTA交渉は、まさに対称関係になった日韓経済関係を制度的に支えるという役割を担っただけに、それが挫折したことは、以後の日韓関係が不安定になることを予感させるものであった。

韓国の李明博政権と日本の民主党政権

韓国では、二〇〇八年から保守の李明博政権が登場した。対北朝鮮政策に関して「非核開放三〇〇〇構想」や「相生共栄政策」を掲げ、金大中・盧武鉉という進歩リベラル政権と比較すると、外交の軸足を相対的に「日米韓」の協力重視に移したために、当初、盧武鉉政権後半に冷却化した日韓関係は通常の関係に復帰したかに見えた。対北朝鮮関与政策に関して韓国だけが突出していた状況から、相対的に日米の対北朝鮮政策に歩調を合わせる方向に修正したからである。

その結果、従来、金大中・盧武鉉という進歩リベラル政権が蓄積した種々の南北協力事業のうち、二〇〇八年七月には金剛山《クムガンサン》観光が、一二月には開城《ケソン》観光が、それぞれ中断され、残る大規模事業は開城工業団地だけになった。さらに、それに追い打ちをかけたのが、二〇一〇年に入ってからの三月の韓国海軍哨戒艇「天安《チョナン》」の沈没事件、一一月の延坪島《ヨンピョンド》砲撃事件という北朝鮮による軍事的挑発であった。こうした南北間の軍事的緊張の激化に直面して、李明博政権は韓国主導の南北関係改善の意欲を完全に喪失した。北朝鮮は二〇〇六年から核実験やミサイル発射を繰り返すようになり、日米両国にも交渉を通じた北朝鮮の非核化に関する悲観論が台頭した。李明博政権も、これに同調せざるを得なくなったのである。対北朝鮮圧力政策を日米韓が共有するようになった。

二〇〇〇年前後の状況と政策の方向は逆であるが、対北朝鮮政策をめぐる日韓の乖離は一旦解消されたのである。

そして、こうした関係は、とりあえず日韓関係の改善をもたらした。李明博大統領は最初の外遊先に日本を選択し、日韓首脳シャトル外交が復活した。

また、日本でも二〇〇九年以降、民主党の鳩山由紀夫、菅直人、野田佳彦の各政権という、自民党よりは歴史認識などでリベラルな政権が登場することで、歴史問題をめぐる日韓間の距離は縮まったかに見えた。少なくとも、民主党政権期の日韓関係においては、日本発の歴史問題、領土問題は起きなかった。鳩山首相は、首相退任後ではあったが、二〇一五年八月の訪韓時、韓国の独立運動家などが収監されていたソウルの西大門《ソデムン》刑務所跡地を訪れ、ひざまずき歴史を反省する姿勢を明確にした。菅首相は在任中の二〇一〇年八月、韓国併合から一〇〇年を期して菅談話を発表し、「当時の韓国の人々は、その意に反して行われた植民地支配によって、国と文化を奪われ、民族の誇りを深く傷付けられました。（中略）この植民地支配がもたらした多大の損害と苦痛に対し、ここに改めて痛切な反省と心からのお詫びの気持ちを表明いたします」という韓国の人々の意に反した植民地支配を謝罪する意思を明確にした。ただし、韓国では併合や支配の違法性まで踏み込まなかったことが不十分だと受け止められた。

しかし、そうした好条件にもかかわらず、この時期、二〇〇九年から一二年までの日韓関係は、可視的な成果が乏しかったのも事実である。

韓国は既に定住外国人の地方参政権を認めていた。そこで、日本政府に対して、在日コリアンを含む定住外国人にも地方参政権を認めることを要求した。民主党政権は一時それを認めるべきだという積極論に傾いたが、結局、それは実現されなかった。民主党政権の不安定さ、三・一一東日本大震災とそれに伴う福島原発事故、野に下った自民党の「右傾化」など種々の要因があったが、日韓協力を切り開く可能性があったにもかかわらず、それを十分に活かすことはできなかった。

特に、韓国では民主党政権に期待したのだが、その大きな期待が充足されなかったことが逆に、失望感として現れた。この時期の日韓関係は、日本からすると、韓国の対日観は何をしてもそれほど変わらなかった、効果はなかったということになる。韓国からすると、民主党政権に期待したが、日本の歴史認識はそれほど変わらなかったという失望感が大きかった。

「片思い」だった韓国への「期待」

以上のように、日韓関係は冷戦期のような非対称ではあるが相互補完的に協力するという関係から、対称的な関係へと変容してきた。したがって、冷戦下、南北分断体制下の体制競争において韓国優位のために積極的に支援することが日本の安全保障、経済における利益になるという関係は、一旦それを実現したことによってその使命を終えた。もちろん、日韓の安全保障は、一九九〇年代以降、北朝鮮の核ミサイル開発という共通の脅威に直面することにより、安保協力の必要性は依然として維持されることになる。しかし、日韓が対称的な関係へと変容したことは、日韓双方ともにその関係についての敏感性を高めることになった。その結果、従来も日韓間に存在していた問題群、特に歴史問題、領土問題に関する相互の感受性が高まることになり、ある意味では恒常的に問題が顕在化する可能性を抱えることになる。だからといって、日韓間には緊張が恒常的に存在したわけではない。その顕在化を抑制する管理メカニズムが機能したからである。それは、対称的な隣接国家であるという地政学的条件からも帰結される安全保障上の共通利益という点である。

日韓は、安全保障上の共通利益が重要だと考え、その実現のために協力した方が合理的だと考える場合、対立の顕在化を抑制するメカニズムを働かせる。双方共に働かせる場合もあれば、一方だけの場合もあるが、ともかくそうすることで対立の顕在化は抑制される。しかし、そうしたインセンティブが働かなくなる場合、換言すれば、双方の安全保障上の利益に乖離が見られたり、外交政策の方向に葛藤が見られたりするようになると、一方が、もしくは双方共に、対立の顕在化を抑制し管理するメカニズムを働かせなくなる。このメカニズムを働かせるためには、相当程度の国内的費用を払う必要があるからである。

特に、韓国では元来歴史関係に起因する「日本には容易に譲歩するべきではない」という世論が存在する。さらに、そうした世論は、日韓が対称関係になればなるほどより一層顕著になる。他方で、日本では、非対称関係下において、韓国をそれほど気にかける必要がなかった状況から、対称関係下では「韓国にもうこれ以上譲歩できない、対抗しなければならない」という世論が高まる。こうした状況において、日韓両政府ともに対立が顕在化しないように管理するメカニズムを稼働するには、国内的には相当程度の費用を払わなければならないからである。

日韓の対称化が文化の相互浸透を促進したことは事実である。今まではほとんど無関心であった韓国文化に日本社会が関心を向けるようになり、理解も進んだことは確かである。それは、非常に望ましく、かつ日韓関係の未来にとって有意義なことである。相互に関心を持たなければ、理解が深まるということはないからである。そして、その先の「日韓が理解し合える」「日韓がもっと協力し得る」という「期待」につながるのかもしれない。内閣府の世論調査によれば、年によって変動はあるが、二〇〇〇年代に入ると、日本社会における韓国に対する好感度はほぼ五割以上を維持し、六割にも到達する勢いを示していた。二〇〇〇年代は前述したように日韓間には歴史問題、領土問題などをめぐる対立が存在したし、それは日韓関係が良好ではないという認識にもあらわれていた。このように良好な関係が持続したわけではなかったにもかかわらず、対韓好感度が高いレベルで維持されたのは、こうした「期待」の現れであった。

しかし、そうした「期待」は場合によっては一方的な「片思い」であったのかもしれない。韓国社会にとって、日本が過去に自国を侵略し支配したという歴史的事実は厳然として存在する。しかも、日本社会はそれに対して明確な反省の姿勢を示そうとはしない。七〇年以上経過したのだから忘れるべきだという「期待」はやはり一方的なものでしかない。

現状では、そうした「期待」が、韓国社会の相変わらずの反発に直面した時、容易に「失望」に変わり、それが従来以上の「反感」につながるという悪循環を発生させていると言えるのではないか。特に二〇一六年以降の日本社会における対韓感情の悪化、そして、日韓関係悪化の現状認識は、そうした背景の中で考えることができるのかもしれない。

第五章　対称的で相互競争的な日韓関係へ——二〇一〇年代

2015年11月1日，日中韓共同記者発表で朴槿恵大統領（右）の発言を聞く安倍晋三首相（左）（提供：朝日新聞社）

岐路に立つ二〇一〇年代

二〇一〇年代に入ると、一九九〇年代以降、日韓関係を特徴づけてきた次の二つの傾向がより一層顕著になっていった。

第一に日韓の対称化である。既に日韓関係は非対称から対称へと大きく変容してきたが、それが具体的にどのような帰結をもたらすのか、その輪郭が、競争関係をより一層色濃く帯びる方向で明確になってきたのである。一方で、日韓は隣接した対称的国家として、しかも、交流や相互浸透が盛んに行われているので、共有部分が多い関係にある。その結果、日韓の相互理解を促進する側面がある。しかし、別の帰結もありうる。それは、相手よりも相対的優位を求めて競争が激化することである。競争が相互利益に帰結することもあり、そうであれば日韓にとって最適の選択になる。だが、「足の引っ張り合い」ということになった場合には、相互不利益を帰結することになる。日韓の競争関係はどのような帰結をもたらすのか、日韓の選択に委ねられることになる。そして、現在、その競争の場の中心は「歴史」になりつつある。日韓が共有する「歴史」をどのように見るのか、そして、それにどのように対応するのかをめぐる対立、競争が「歴史戦」という形で展開されつつある。

第二に、中国の大国化、そして、それに対応する米国の対応の変化が、日韓を取り巻く米中対立の激化という様相をより確実にしつつあることである。

日韓共に米国と同盟関係にある。また中国とは相当な貿易や人的交流を行っている。その意味で共有部分は大きい。ただし、米中関係へのスタンス、特に中国への対応に関して違いはある。日本には中国を侵略した近代の歴史があり、また領土問題もある。それに対して韓国にとって中国は単に経済的に重要な相手ということだけでなく、北朝鮮を韓国主導の南北の枠組みに取り込み、韓国主導の統一の可能性を切り開くために必要な「協力」対象である。

こうした特徴が、具体的に日韓関係にどのように現れたのか、見ていくことにする。

第一節　歴史問題の「拡大再生産」――「慰安婦」問題と「徴用工」問題

「歴史戦」

二〇一〇年代の日韓関係は、一五年には日韓国交正常化五〇周年を迎え、一八年には日韓パートナーシップ宣言二〇周年を迎えたにもかかわらず、「慰安婦」問題や「徴用工」問題など歴史問題が顕在化して政府間関係が悪化したのみならず、それと同伴する形で市民社会レベルにおいても相手国に対する感情、特に日本における対韓感情がより一層悪化したことを、その特徴として指摘することができる。韓国政府や社会から見ると、未解決のまま残された諸問題を、韓国および世界における人権規範の変化、そして、対日関係において日本の助力に頼らなくてもよくなったという状況の変化などが相まって、今こそ堂々と提起すべきだという認識が台頭したのである。

ただ、歴史問題に関しては韓国だけが変化したわけではない。「歴史戦(争)」という言葉が示す通り、日本側からの「反撃」姿勢も明確になってきている。従来、韓国側の要求をそのまま受け入れて反駁してこなかった結果、日本側が守勢に回らざるを得なくなったことが、日韓の歴史問題の根源にあるという認識に基づき、韓国側の主張に対抗する言説を、「韓国に対して」だけではなく「国際社会に向けて」積極的に発信していこうという新たな姿勢が出現したのである。

したがって、双方の政府や社会において妥協路線よりも非妥協的な強硬路線が優位を占めるようになり、対立がエスカレートすることになる。しばしば「本物の友人は言いたいことを言い合う関係だ」と言われる。しかし、果たしてそうだろうか。少なくとも異なる歴史観を分有する国家間の対話において「何を言い合ってもいい」ということにはならないだろう。むしろ、「互いに、相手を尊重しながら相手の欠点を正す」ことこそが、本物の友人ではないかと思う。

「慰安婦」問題と少女像

歴史問題の「拡大再生産」という表現には異論が提起されるかもしれない。未解決の問題が顕在化しただけであり、それは「拡大再生産」ではないという議論もありうるからだ。ただ、少なくとも、日本社会から見ると、解決したはずの問題が全く未解決であるかの如くなぜ新たに登場してくるのかという疑問が提起される。

確かに、「慰安婦」問題に関しては、日韓国交正常化交渉当時に明確に議論された痕跡はほとんどなく、その意味では未解決だという主張はある程度理解できる。また、韓国政府自身も、日韓国交正常化交渉をめぐる韓国外交文書の再検討作業を通して、二〇〇五年の時点で、「慰安婦」問題は一九六五年の日韓請求権協定で「完全かつ最終的に解決」したものの範囲外であるという立場を示していた。だからこそ、そうした立場に基づいて二〇一一年八月、韓国憲法裁判所は、「慰安婦」問題について対日交渉をしない韓国政府の不作為を違憲だと判断したのである。

ただ、一九九〇年代以後取り組まれてきた、「慰安婦」問題をめぐる日韓の政府、社会の取り組みをどのように評価するのかという問題は、事実上無視された格好であった。そして、この判決に力を得て、挺対協（韓国挺身隊問題対策協議会、現在は「日本軍性奴隷制問題解決のための正義記憶連帯」に改名）を中心とする「慰安婦」問題に関する運動団体が主軸となり、今まで持続的に行ってきたソウルの日本大使館前での「水曜集会」に加えて、大使館前の歩道に「慰安婦」として駆り出された女性を象徴する「少女像」が建てられ、これが既成事実となってしまった。韓国政府はそれを撤去するという選択は採らず、その代わり日本政府に対して「慰安婦」問題をめぐる何らかの前向きな対応を求めた。

そして、李明博大統領は、日本から前向きな対応が得られなかったことに対する「報復」の意味も込めて、二〇一二年八月、政権末期のレームダック状況下「独島」に韓国の歴代大統領として初めて「上陸」するに至った。また、「天皇が訪韓したいのであれば、独立運動家に謝罪するべきだ」という大統領の「天皇謝罪発言」も、日本社会における反発を招き、日韓関係の悪化に拍車をかけた。日本政府が大使召還などの対抗措置を採ることで日韓関係は一挙に冷却化した。これ以後、日本政府は従来以上に教科書記述などを通して「領土教育」により一層尽力することになった。「慰安婦」問題をめぐる対立が領土問題をめぐる対立に「飛び火」したことになる。李明博政権の末期、日韓関係は事実上の断絶状況に陥った。

その後、朴槿恵政権は、政権初期、「慰安婦」問題に関する日本政府の前向きな対応措置を日韓首脳会談の条件とするという方針を示した。したがって、二〇一三年、一四年と日韓首脳会談は開催されなかった。日本社会では、朴槿恵大統領が一九六五年の日韓国交正常化を成し遂げた故朴正煕大統領の長女であったこともあり、日韓関係改善への期待があったが、それは裏切られる格好となった。特に朴槿恵大統領は第三国において日本の歴史認識を批判する発言を繰り返したために、日本の一部メディアは「告げ口外交」だという批判を浴びせた。ところが、日韓国交正常化五〇周年にあたる二〇一五年後半になり、米国オバマ政権の仲介もあり、一一月ソウルでの日中韓サミットの開催時に、初めての安倍晋三・朴槿恵日韓首脳会談を開催、さらに、年末には「慰安婦」問題の解決のための日韓政府間合意を発表した。

これによって、「慰安婦」問題は解決の方向に向かうと期待された。しかし、二〇一六年以降、朴槿恵大統領と、その友人崔順実をめぐるスキャンダルである「崔順実ゲート」によって朴槿恵政権への批判が高まり、ついに弾劾訴追、罷免に至った。その過程で、その合意を誠実に履行する日韓両政府の可視的な取り組みよりも、むしろ、日韓双方において、その合意を「台無し」にするような言動が登場した。二〇一七年五月に成立した文在寅政権は「合意を破棄する」とは言わないが、「合意では問題解決にはならない」として、二〇一五年の合意に基づく事業を実施するための「和解・癒やし財団」を、一八年一一月に一方的に解散した。一方、合意を決断した安倍首相は、国会答弁で「合意の内容をしたためたお詫びの手紙を被害者に送ることは毛頭考えていない」とし、韓国社会からは、合意において表明された謝罪の気持ちがないという批判が浴びせられた。その結果、日韓間では「慰安婦」問題の解決は失敗したという評価が定着するに至った。

そして、現在、釜山の日本領事館前の歩道をはじめとする韓国の他地域や、韓国人が多数住む米国など世界各地に「少女像」を、関連運動団体が次々と建立することになった。これを、日本政府は「反日」宣伝を意図したものだと解釈して抗議をし、その撤去を国際社会に要求するという事態が繰り広げられている。

そして、ついに二〇二一年一月八日、ソウル中央地裁は、日本政府に対して戦時下において人権を蹂躙された「慰安婦」女性に損害賠償を命じる判決を下した。日本政府はそもそもこの裁判を無視しており、控訴もしなかったため、この判決が確定した。これは、主権免除の国際法を適用しないとするものであり、日本政府は反発した。しかし、その後、この判決には文在寅大統領も「困惑している」と発言し、さらに二〇一五年末の「慰安婦」問題に関する日韓政府間合意を公式の合意だと認めるなど、従来の韓国政府の姿勢を若干修正したかに受けとられる発言をした。それがどの程度影響したのかは不明であるが、別の原告による同様の訴訟事案において、今度は担当裁判官を総入れ替えしたソウル中央地裁において、四月二一日、日本政府を被告とする訴訟は主権免除が適用されるため、訴え自体を却下するという、一八〇度異なる判決が出された。そもそも、原告勝訴の前者の判決も、日本政府の在韓資産を差し押さえるわけにはいかず、実効性はなく象徴的な意味しか持ち得ないと評価されていたが、韓国司法の混乱ぶりを内外に印象づける結果となった。ただ、韓国国内には、この事案を国際司法裁判所（ＩＣＪ）に提訴するべきだという議論もあり、依然として日韓間に争点として横たわっている。

「徴用工」問題

「徴用工」問題に関しては、従来、韓国政府も「完全かつ最終的に解決」という立場を共有していたはずであった。しかし、二〇一二年五月の韓国大法院の小法廷判決、そして、二〇一八年一〇月の同大法廷判決も共に、未払い賃金などの債権債務関係は解決済みだとしても、苛酷な労働など非人道的な人権侵害行為に対する慰謝料などの損害賠償は、一九六五年の日韓請求権協定では未解決であったので、被告の日本企業は損害賠償義務を負うという「新たな解釈」を提示した。もちろん、これは韓国司法の判断であって韓国行政府の判断と同一ではないわけだが、「司法判断には介入できない」という立場に基づき韓国政府が何もしないということになると、日本政府は韓国政府が立場を変更したとみなさざるを得ないことになる。

このように、日本政府や社会から見ると、「解決したと合意したはずの問題がまた蒸し返されるのか」ということになる。韓国政府もしくは社会から見ると、「未解決だった問題が、条件が変化することで解決が試みられるようになっただけである」という解釈になる。この背景には、日韓それぞれの社会における歴史観の違いが横たわる。

韓国の現代史は革命やクーデタなどの政治変動を何度となく経験した。それが、第一共和国から現在の第六共和国に至る呼称にも反映される。そして、政治変動に伴って成立した新たな体制の下で旧体制下における「国家犯罪」が断罪されることを度々経験した。一九六〇年四・一九革命後、第二共和国において、革命の原因となった三・一五正副大統領選挙が不正選挙として無効になったこと、さらに、民主化後第六共和国の金泳三政権において、第五共和国成立をもたらした七九年の一二・一二軍内クーデタや八〇年の五・一八光州民主化抗争への弾圧が断罪され、第五共和国の大統領であった全斗煥と、その後継者で第六共和国の初代大統領であった盧泰愚が共に裁判にかけられ有罪判決を受け収監されたこと、などが挙げられる。当時としては「正当」であった統治行為が、政治変動によって政権や政治体制が変わることによって「国家犯罪」として断罪されたのである。

それを援用すると、以前の政権が締結した条約などの「約束」も、それが「違法」「不正義」であると判断された場合には「無効」にしてもいいということになる。それに対して、第二次世界大戦後、基本的には保守政党による政権が継続してきた日本政治は連続的に理解されるので、外交などに関しても前政権がしたことを否定することはほとんどない。こうした日本の政府、社会から見ると、以前の政権の「約束」を事実上「反古」にする韓国外交は到底理解できないと映ることになる。

　そして、二〇一八年一〇月三〇日、韓国大法院が、新日鐵住金（現・日本製鉄）などの日本企業に、元「徴用工」に対する損害賠償支払いを命じる確定判決を出したことをめぐり、日本では、一九六五年の日韓請求権協定によって「完全かつ最終的に解決」したはずの問題を「蒸し返す」のは「国際法違反」であるという見解が支配的であった。

　それに対して、韓国では、反人道的な人権侵害を受けた被告が慰謝料を含めた損害賠償を支払われることが「正義」であるにもかかわらず、前政権の協定解釈によって実現されなかったが、民主化によって正統性を持つ政権に移行することによって初めて「正義」の実現が可能になったと見る。

　換言すれば、韓国では政治変動が激しかったこともあり、国内政治においては旧体制における「不正義」を新体制下で裁くことで「正義」を実現する、「移行期正義」が一般的であり、日韓関係に関しても、以前の日韓関係での「不正義」を新しい日韓関係の下で正すという志向が強い。しかも、この「移行期正義」は韓国に独特な考えではなく、全世界的に、特に権威主義体制から民主主義体制への移行に伴う問題として議論が深められてきた経緯がある。それだけに、韓国社会では、これに後押しされて、日本との関係についても、こうした発想を援用しようとするのである。

それに対して、日本では、第二次世界大戦の前後も含めて、そもそも旧体制と新体制との断絶に伴う「移行期」という発想自体が稀薄であった。したがって、「移行期正義」という発想には同意しがたいと考える傾向にある。特に、「移行期正義」は、一国内の体制移行に伴う問題であり、異なる国家間の関係については適用され難いと見る。もちろん、「移行期正義」の問題を国家間関係にも適用するという合意が、日韓間に成立するのであれば可能であるが、現状では、そうした合意が成立しているとは言い難い状況である。

エスカレートする対立

このように、なぜ二〇一〇年代になって、日韓間で、「慰安婦」問題や「徴用工」問題などの歴史問題をめぐる緊張がエスカレートしたのか。

一義的には、それをもたらした韓国司法の判断があったわけであるが、その判断の背景として、日韓が対称的な関係になり、それに伴って、日韓が共に譲れない競争関係になったという認識を、双方の政府、社会が共有するようになったことを指摘することができる。

韓国の政府や社会にとっては、植民地支配に伴う人権問題などは、人権に関する国際規範の変化に伴って以前とは異なる段階に入ったのであり、旧規範に基づく合意に固執するべきではないということになる。換言すれば、国内規範および国際規範の変化と国力関係の変化に基づき、歴史問題を「拡大再生産」するということになる。それに対して、日本政府や社会は、旧来の規範と力関係に基づいて合意した内容の忠実な遵守を求めるという立場である。

そして、「徴用工」問題をめぐっては、二〇二〇年に入って、今度は日本が韓国を刺激する形で歴史問題が提起されようとしている。一五年にユネスコの世界文化遺産に登録された「明治日本の産業革命遺産」に関して日本政府が管轄する産業遺産情報センターの展示をめぐる問題である。

元来韓国政府は、日本政府が朝鮮人を強制動員して劣悪な環境下で労働させたとする長崎県の端島(軍艦島)などが含まれていることを理由に、登録に反対したが、それに配慮した情報センターを作ることを条件にして反対を撤回した経緯があった。しかし、情報センターの展示では実際には「朝鮮半島出身者が差別的な待遇を受けたことはなかった」という証言を強調した。これに対して、韓国政府は「約束違反」だとして批判している。

第二節　北朝鮮政策——目的における対称性と方法における非対称性

日韓共通の「脅威」

二〇〇八年を最後に北朝鮮の非核化を目的とした六者協議は開催されず、米国のオバマ政権は北朝鮮による軍事的挑発には安易に乗らないという「戦略的忍耐」を掲げた。しかし、結果として北朝鮮の非核化のための米朝交渉は全く進まず、北朝鮮による核実験、ミサイル発射は持続し、核ミサイル開発の既成事実だけが蓄積された。そうした状況で、既に日韓は北朝鮮の核兵器の射程に入っていたために、北朝鮮の軍事的脅威を共有した。したがって、こうした軍事的脅威を除去しなければならず、北朝鮮の非核化を実現しなければならない。しかも、それを軍事的手段ではなく平和的手段によって達成しなければならないという点で、利害を共有した。こうした目的における対称性は、どのような政治的立場を取ったとしても日韓それぞれの国内において、そして日韓をまたがって共有することができるものである。

韓国国内には、北朝鮮の核保有に対抗するためには韓国の核保有が必要だという見方も少なからず存在する。また、韓国は、北朝鮮の核脅威を利用して日本が平和憲法を改正、軍備を増強し核武装さえも考えているとの疑念を抱く。逆に、日本国内には、韓国が統一を達成した場合に、北朝鮮の核を継承して核保有国を志向するのではないかという疑念が持たれる。にもかかわらず、北朝鮮の核ミサイルの脅威に直面し、それを戦争ではない平和的手段によって解決しなければならないという目的を日韓は共有する。

冷戦の終焉以後、日韓協力の目標が達成されたが故に日韓協力の必要性が低下したという見方を共有し始めた両政府と社会にとって、こうした脅威認識の共有が、相互協力の必要性を認識し維持し続ける重要な動機づけになった。冷戦期のような非対称ではなく、対称的な関係での相互協力の可能性を模索するようになったわけである。この点は、李明博政権、朴槿恵政権、文在寅政権においても、また、日本の民主党政権、安倍・菅義偉自民党政権にも共有された。

では、対北朝鮮認識、それに基づく対北朝鮮政策を、日韓は共有し、そうした共通認識に基づいて協力してきたと言えるのか。韓国政府の対北朝鮮政策は、李明博政権の「非核開放三〇〇〇構想」「相生共栄政策」、そして朴槿恵政権の「韓半島信頼プロセス」と名称は変わっていったが、基本的には、韓国の要求条件を北朝鮮がクリアするという意味での「相互主義」に基づいて対北朝鮮関与政策を掲げるというものであった。換言すれば、北朝鮮が「相互主義」に応えない場合には関与政策に踏み込まないということであった。そして、南北協力事業の「最後の砦」であった開城工業団地も、ついに二〇一六年二月に進出していた韓国企業が撤収することで、事業が中断された。こうして、韓国の保守政権期は対北朝鮮和解関与政策を継続しないことを選択した点で、日韓の政策は共通していた。

優先順位をめぐる葛藤

しかし、日韓の間には対北朝鮮政策をめぐる潜在的な葛藤要因が残っていた。日本はともかく北朝鮮が非核化することが一義的に重要だと考えた。日本にも戦火が及ぶリスクを抱える軍事的手段は回避するが、それ以外の選択肢は基本的に開かれていた。ところが、韓国にとっては北朝鮮の非核化のみならず、南北関係の改善を韓国主導で進めることで韓国主導の統一可能性につなげるという、優るとも劣らぬ重要な目標を抱えていた。もちろん、北朝鮮が非核化しない限り韓国の安全保障は確実にはならず、韓国主導の南北関係改善も困難になるという意味で、二つの目標は究極的には両立させなければならないものではあった。

ただ、過渡期においてはどちらを優先させるのかを選択せざるを得ない場合があった。北朝鮮の非核化を前提条件として北朝鮮を南北交渉の枠組みに引きずり込むのが困難な場合、逆に北朝鮮を南北交渉の枠組みに引きずり込むことによって、北朝鮮に非核化を通して獲得できる可視的な利益を示すという戦略も存在した。李明博政権、朴槿恵政権では共に、北朝鮮は南北交渉の枠組みに入ってこなかったために、そうした戦略の選択が現実味を帯びることはなかった。

日本には拉致問題という独自の問題が北朝鮮との間には横たわっていた。一方で拉致問題があり、それを解決しなければならないからこそ、北朝鮮との交渉窓口はいつでも維持しておく必要があった。北朝鮮が拉致問題に関する再調査を行うことに合意した、二〇一四年五月の日朝間のストックホルム合意は、そうした日本の対北朝鮮外交の産物であった。他方で、拉致問題があるからこそ日本の世論は対北朝鮮強硬論に傾いており、対北朝鮮関与政策への日本の関わりにブレーキをかけた。

文在寅政権の登場による変化

北朝鮮をめぐる日韓関係は、二〇一七年五月、対北朝鮮関与政策に積極的な進歩リベラル派の文在寅候補が当選することで、緊張が顕在化することになった。まず、二〇一七年には、金《キム》正恩《ジョンウン》政権が核ミサイル開発に邁進、米本土を射程に収める核弾頭を搭載可能なミサイルの開発に成功したと宣言することで米朝間の緊張が激化し、北朝鮮を脅かすため米トランプ政権による「鼻血作戦(bloody nose operation)」(北朝鮮に鼻血を出させる程度の限定的な軍事攻撃を加え、北朝鮮を脅かすことによって北朝鮮の挑発を抑え込もうとする作戦)という名の軍事作戦の可能性も取り沙汰された。こうした中、韓国の文在寅政権は危機感を深刻に受け止め、南北関係改善に前向きな姿勢を示した金正恩の二〇一八年新年の辞を受けて、二月に開催された平昌《ピョンチャン》冬季オリンピックを利用しようとした。これに北朝鮮を参加させ、それをきっかけに南北関係の改善、そして米朝間の橋渡しを行ったのである。その結果、四月二七日、板門店《パンムンジョム》韓国管轄地域での文在寅・金正恩南北首脳会談と板門店宣言、六月一二日、シンガポールでのトランプ・金正恩米朝首脳会談とシンガポール共同声明、そして、九月一八〜一九日、平壌での南北首脳会談と平壌共同宣言および軍事分野における合意が成し遂げられた。このように、二〇一八年は韓国文在寅政権が対北朝鮮関与政策へと舵を切り、それに米トランプ政権を巻き込んで、韓国の仲介による北朝鮮の非核化と米朝関係改善をめぐる米朝交渉が軌道に乗るかに見えた。これは文在寅政権による韓国の「韓半島運転者論」(韓国が運転席にすわり、米朝をはじめ関係国を座席にすわらせて朝鮮半島平和プロセスを主導しようとする政策)のシナリオに沿うものであった。日本の安倍政権は、当初前のめりで危うい韓国の対北朝鮮関与政策に警鐘を鳴らすなどブレーキ役を果たすことになったが、結果的に、こうした状況の進展に取り残された格好となった。

しかし、二〇一九年に入ると、二月二七〜二八日のベトナム・ハノイでの米朝首脳会談が決裂という結果に終わり、それ以後、大阪で開催されたG20首脳会談の帰路、韓国に立ち寄ったトランプ大統領と金正恩委員長との間で、文在寅大統領も交えて、六月三〇日に略式の会談があった。にもかかわらず米朝交渉は停滞した。その影響で南北関係も停滞した。中断された南北協力事業を再開することもできない状況である。韓国としては、米朝関係の進展がない限り、米朝関係の制約の中で進めなければならない南北関係の改善に進展が望めないからである。

この一連の過程を通して、日本政府は、文在寅政権が北朝鮮の非核化よりも南北関係改善の方に軸足を置いているのではないかという疑念を抱くことになった。逆に韓国は、米朝関係の進展に米国がブレーキを踏んだ背後には、安倍政権の影響力があったのではないかと疑念を持った。このように対北朝鮮政策をめぐり、あたかも日韓が逆方向の政策を選好しているのではないかと互いに警戒するようになったのである。

二〇一八年一〇月の「徴用工」をめぐる韓国大法院判決が直接のきっかけとなって日韓間の緊張が高まったわけだが、この背景には、以上のような対北朝鮮政策の手段をめぐる非対称性が存在した。したがって、対北朝鮮政策をめぐって協力するインセンティブが働かないと、日韓間の対立争点に関して、あえてリスクを取って、つまり国内の強硬論を説き伏せてまで妥協を図ろうとはしないことになったのである。

第三節　米中大国間関係——新冷戦への対応か、旧冷戦の解体か？

韓国にとっての中国という存在

二〇一〇年代に入って、歴史問題をめぐる日韓対立がエスカレートした背景には、対立を抑制するメカニズムが働き難くなったことがある。では、なぜそうしたメカニズムが機能し難くなったのか。北朝鮮に対する認識や政策をめぐる乖離だけでなく、より中長期的な外交の方向性をめぐる日韓の乖離もしくは対立があるからではないか。

盧武鉉政権以後、日本では「韓国の中国傾斜」という言説が浸透するようになった。盧武鉉政権は韓国の外交的役割に関して「東北アジア均衡者」を掲げた。これは、朝鮮半島をめぐって日中の勢力角逐が高まっているという状況下、韓国が「均衡者(balancer)」としての役割を果たすという発想であった。したがって、日本における「韓国の中国傾斜」という言説は、中国の台頭によって対等化しつつあった日中関係に対して、韓国が民主主義という価値観を共有する日本よりも、価値観を異にする中国に近い立場を採ることへの「背信感」を示唆する批判的な言辞であった。

しかし、二〇一〇年に中国のGDPが日本を抜き去り、その後瞬く間に日中の経済規模は拡大し現在、一対三という非対称な関係になった。さらに、中国はそうした経済力を背景として、政治的にも国際的影響力を強め、軍事大国としての地位も確保した。そして、次第に米中関係が対等になりつつ、しかも緊張を高める超大国間関係として見られるようになった。日本は中国との間に尖閣列島をめぐる領土問題を抱えていたし、過去中国を侵略したという歴史問題も抱えていた。そして、何よりも日米安保条約に基づく米国との同盟を安全保障の基軸とした。そこで、日本政府は「インド太平洋構想」を提唱して、東シナ海や南シナ海などでの海洋進出が目立つ中国に対して、米国との同盟強化により牽制しようとした。最近でこそ、「インド太平洋構想」は米国が主導しているかのようになっているが、元来は日本発の構想であった。

米韓同盟の重要性

それに比して、韓国外交は「安全保障は米国、経済は中国、北朝鮮問題との統一問題は米中」に依存する状況であった。韓国は保守、進歩リベラルを問わず、安全保障の基軸を米韓同盟に置いており、南北統一が実現されるなど、よほど大きな状況変化がない限りは米軍駐留を必要だと考える。ところが実現しなかったとはいえ、過去一九七〇年代カーター政権期に、在韓米地上軍の撤退が一旦決定されたことがある。それ以後、在韓米軍撤退が米韓間で公式の議題にのぼったことはないが、在韓米軍の撤退可能性は相対的に高いと考えられてきた。米国にとって在韓米軍は北朝鮮の南侵などの朝鮮半島有事状況に対応するためのものであり、アジア太平洋地域における米軍展開の要となる在日米軍とは異なるからである。

しかし、韓国からすると、北朝鮮の軍事的脅威、対中関係、対日関係などを考慮すると、在韓米軍の存在は重要であった。通常戦力では北朝鮮よりも韓国の方が優位にあるとはいえ、韓国は朝鮮戦争で北朝鮮に侵略された経験もあり、北朝鮮の軍事的挑発に何度となく晒されてきた。さらに、一九九〇年代以降は、北朝鮮の核ミサイル開発が顕在化したことで、北朝鮮の核攻撃を抑止するために米国の拡大抑止に依存せざるを得ない状況が続いた。また、ますます軍事大国化する中国に対応するためにも、米国の軍事的関与は必要であった。さらに、日本による侵略、支配の歴史的経験があるだけに、日本に対する安全保障を確保するためにも米国の軍事的関与は重要だと考えた。

韓国にとって日米同盟だけが存続し米韓同盟が消滅する状況は、米国から「見捨てられた」と受け取られることになるかもしれない。このように、韓国の安全保障にとって米韓同盟は複合的な目的を持つものであり、放棄し難いものであった。

緊密化する中韓関係

次に、韓国にとって、中韓国交正常化は一九九二年という比較的最近の出来事であるにもかかわらず、その後、中国の経済大国化に便乗して、韓国の輸出先、投資先としての中国の比重は代替が利かないものになっていった。韓国経済は、八〇年代までは、主として日本から輸入した機械を使用し日本から輸入した原資材を加工して製造した最終消費財を、米国をはじめとした欧米先進諸国に輸出するという貿易構造を基本としていた。当初は労働集約的な軽工業製品の生産・輸出から、次第に資本・技術集約的な重化学工業製品の生産・輸出へと産業構造および貿易構造を高度化させてきた。そして、八〇年代以後、中ソ東欧諸国などを新たな輸出市場、投資先にして、さらなる経済発展の原動力にした。その結果、二〇〇〇年代に入ると、韓国にとって最大の貿易相手国は日本でも米国でもなく中国となっていった。二〇一九年、韓国の対中(香港を含む)貿易額は約二七七一億ドルで、対日米貿易の総額約二一一二億ドルをはるかに上回り、貿易額全体の二六・五%を占める。

対中関係の緊密化により一層踏み込んだのは、二〇一五年九月、中国の抗日戦争戦勝記念の軍事パレードに西側指導者として唯一参席した、朴槿恵大統領であった。主要国首脳で参加したのは、他にはロシアのプーチン大統領だけであり、北朝鮮でさえナンバー・ツーの崔龍海《チェリョンヘ》であった。朴槿恵大統領は習近平主席と七度も首脳会談を重ねた。日韓や米韓よりも頻繁に行われた。北朝鮮の軍事的挑発を抑制するために中国の役割に期待し、そのために中韓関係を緊密にしておく必要があると考えたからであった。そして、在韓米軍基地へのＴＨＡＡＤ（終末高高度防衛）ミサイル配備に関しても、それに反対する中国に配慮して配備を保留した。

中韓関係の悪化と米中対立の中の踏み絵

ところが、二〇一六年一月、朴槿恵政権出帆直後の二〇一三年二月からほぼ三年ぶりに北朝鮮が四回目の核実験に踏み切った。これを受けて、朴槿恵政権は北朝鮮の軍事的挑発を抑えるための中国の影響力行使には限界があるという認識に基づき、中韓関係への配慮よりも米韓同盟の強化を選択し、ＴＨＡＡＤミサイル配備に踏み切った。その結果、中韓関係はそれまでの良好な関係が嘘のように悪化した。

中国では対韓批判が高まり、中国政府は韓国への団体旅行を禁止したり、ロッテなど中国に進出した韓国企業に対する事実上の制裁が行われたりしたために、韓国経済は大打撃を受けた。

したがって、韓国政府は経済関係における中国の占める比重を減らそうとするが、従来経済発展の原動力を提供した中韓経済関係の代わりはすぐには見つからない状況である。

さらに、文在寅政権は「韓半島運転者論」を掲げ、韓国が非核化をめぐる米朝交渉を仲介することで、北朝鮮の非核化と韓国主導の南北関係改善を進めようとした。このように北朝鮮の行動を変えるためには米中両国の影響力行使が必要だというのが、文在寅政権の基本的な立場であった。だからこそ、韓国にとっては対北朝鮮政策をめぐって米中が明示的に協力しないまでも、少なくとも同じ方向を向く必要があると考えた。

さらに、その先にあるのは韓国主導の南北統一であるが、これを実現するには中国がそれを拒否しない必要があり、そのためには良好な中韓関係を定着させることで、韓国主導の統一が中国の安全保障環境にとって決して不利にはならないと説得しておく必要があった。また、米国にもそうした韓国外交を理解してもらい、中国に対する説得の援護射撃をしてもらうことを考えた。

このように、北朝鮮の核ミサイル開発や軍事的挑発を抑制し、韓国主導の統一を現実のものとするためには、韓国にとって、米中に可能であれば協力してもらうことが重要であった。それゆえ、米中対立が激化して、韓国がどちらの側につくのか踏み絵を踏まされるような状況は何としても回避されなければならないと考えた。

したがって、米中対立が適度に存在した方が日米同盟における日本の比重が高まるので望ましいと考える日本と、米中対立の激化が韓国外交の前提条件の充足を困難にしてしまうと考える韓国、このように日韓の間には、どのような米中関係が望ましいのかに関する乖離が存在した。

日本から見ると、本来であれば、民主主義という価値観を共有し、米国との同盟も共有する韓国が、米中関係に曖昧な姿勢を示すことに苛立ち、さらに疑念を募らせる。韓国から見ると、韓国にとって何としても回避したい米中対立を望ましいと日本は考えているのではないか、さらに日本外交は米中対立を促進させようとするのではないかとの疑念を持つ。

このようにして、米中関係に関して異なる選好を持つ日韓は、外交的に協力する必要をそれほど感じない。そして、この背景には、従来の小国から「中堅国(middle power)」に変化したことを前提として、そうした立場からの外交を模索しようとする韓国、中国とは非対称にはなったものの、依然として「大国」外交を志向する日本、こうした両国の外交を支えるアイデンティティの違いも存在する。現在の日韓関係の緊張激化の背景には、こうした構図が存在している。

「二者択一」を超えて

しかし、本当にこうした選択が日韓にとって望ましいのか。二〇一八年以降二〇二〇年までの日中関係は基本的に良好に推移してきた。米中対立の激化を懸念する中国にとって、日中関係をある程度良好なものに維持管理することが重要だと考えているからである。日本にとっても、それは望ましいという側面がある。つまり、米中対立が激化して、日本が米国の側につくことを明確にして中国と敵対することが、日本の外交や安全保障にとって決して望ましいわけではない。日本にとって、米中の緊張関係がある程度の範囲内で持続することが望ましいということになるかもしれないが、問題は、それを日本がコントロールできないことである。韓国にとっても、米中対立の激化に伴って米中のどちらにつくのかという踏み絵を踏まされることは望ましくないわけだが、だからといって、そうした状況を作り出させないようにする力が韓国にあるわけではない。

このように考えると、日韓があたかも反対方向を向いて外交政策を選択することが合理的であるのかどうか、相当に疑問である。確かに、米中関係をめぐる日韓の志向の違いが存在することは否定しないが、それは譲れないものであり協力できないものだと考える必要はない。むしろ、米中関係を極度の対決に至らない範囲に収めることに、日韓は共通利益を持つと見るべきではないか。

そして、共通利益を実現するためには、日韓が協力して米中に働きかけることが重要である。ポスト・コロナの世界において、米中対立が不可逆的に激化するリスクがある。こうしたリスクに対して、日韓は手をこまねいているだけでは、結局「二者択一」を迫られ自らの外交の選択の幅を狭めてしまうことになる。そうした状況に陥らないように自らの外交の選択の幅を少しでも広げる可能性を切り開こうとするべきではないか。そして、そのためには日韓の外交協力をさらに深化することが必要である。したがって、日韓の外交協力を妨げる歴史問題などにおける対立を解決する、もしくは管理して周辺化することを考えるべきではないか。

第四節　歴史問題から経済・安全保障の対立競争へ？

安保・経済領域へと拡散する緊張

日韓関係において歴史問題は、他領域における利益の共有が進み協力が深化していけば、そして時間が経過しさえすれば、自ずと周辺化されて解消されるというようなものではなかった。国際政治における力や利益のみならず、アイデンティティが重要であるということを示しているとも言える。

ところで、日韓の歴史問題というのは、明治以降の歴史を考慮すれば、当然のように日韓の間に横たわっており、今新たに始まったわけではない。一九六五年の国交正常化に至る過程で、そして、その後も、問題を解決しようとする試みがなかったわけではない。しかし、その時々の日本社会の世論などを考えると、韓国が設定したハードルをクリアして、歴史問題を完全に解決するというのは難しかった。しかも、「非対称から対称へ」という日韓関係の構造変容と共に、韓国が設定したハードルは変化してきたし、また、それに対する日本の感受性も変化してきている。

冷戦期には、歴史問題があったとしても、日韓は「いずれにしても安全保障上、協力しなければならないのだから」、しかも「経済協力という手段をうまく使うことによって協力できるのだから」、こうした論理に基づいて対立の激化を封じ込めることができた。換言すれば、歴史問題は、安保と経協を契機として封じ込めることが可能であった。

ところが、そうではなくなってきている。歴史問題をめぐる対立が、経済領域、安全保障領域における対立、緊張に拡散するという兆候を示し始めているのである。

対抗措置の応酬

二〇一九年七月から八月にかけて安倍政権は、突然、対韓輸出管理措置の見直しを断行した。しかも、その理由として「徴用工」判決を放置した韓国政府を非難しつつも、公式的には韓国の輸出管理が安全保障上信用できないという、安全保障上の不信を理由に掲げた。

本質的な理由は歴史問題であり安全保障は口実に過ぎないと見ることもできる。しかし、本来であれば、日韓協力の必要を根拠づけてきた安全保障を理由としたことは、韓国にとっては「驚き」であった。もちろん、韓国の方が自国の安全保障を日本に依存することに対する警戒感は、日本に侵略され支配されたという歴史的経験を考慮すれば、ずっと大きかった。ただ、韓国から見ると、たとえ判決への不満があるとしても、現金化措置による具体的な被害が現実になっていないにもかかわらず、日本の方から「先制攻撃」をしかけたのは「驚き」をもって受けとられたのである。

しかも、日本の方から、韓国は安全保障上信用できないという理由を明示されたことも「驚き」であった。従来、日韓協力の最も重要であった経済領域において、しかも、協力の最も重要な契機であった安全保障に関する問題を理由として、歴史問題に関する韓国政府の「不作為」に対する、事実上の「報復」措置を行ったことになるからである。

それに対抗して、韓国は事実上、官民一体となって対日批判、対安倍政権批判を強め、日本製品の不売・不買運動、対日観光のボイコットなどを展開した。それは、日本経済に少なからぬ被害を与えた。しかも、日本の対韓輸出管理の厳格化は、実際には韓国企業に損害を及ぼすというよりも、韓国のサプライチェーンにおける「脱日本化」を促進し、もしくは当該部品を韓国に輸出する日本企業の煩雑さを増大させただけであった。日本が韓国経済に一方的に被害を与えるような関係ではなくなっていることが明らかになったのである。

しかも、「日本が安全保障上の理由で韓国を信用できないのであれば、韓国も同様に日本を信用できない」という理由を掲げて、日韓の間で北朝鮮関連軍事情報などの共有を円滑に進めるために必要な、日韓GSOMIA(軍事情報包括保護協定)の破棄をちらつかせた。元来、日韓GSOMIAは、二〇一二年六月に署名直前まで至ったにもかかわらず、国内の慎重論に直面して李明博政権がキャンセルした経緯がある。それを朴槿恵政権下の一六年一一月に締結したのだが、これに関しても日本と安全保障に関する協定を締結すること自体への批判が、韓国国内には少なからずあった。文在寅政権は一旦GSOMIAの必要性を認めたが、依然として不満が燻っていたという背景があった。GSOMIA破棄は、同盟を共有する米国に対して、対日圧力を行使させる手段に過ぎず、本気で考えているわけではないという議論もあるだろう。しかし、一旦、そうした選択をちらつかせたことは、日韓双方にとって、米国も加わって、安全保障上の相互不信を増幅させることになったのである。

また、二〇一八年一二月には、日本の海上自衛隊の哨戒機に対して韓国海軍の駆逐艦が火器管制レーダーを照射するという事件が起きた。この事件の経緯に関しては日韓両政府の見解が一八〇度異なるが、まかり間違えば軍事衝突の危険性もあった衝撃的な出来事であった。ちょうど韓国大法院判決の直後で緊張が高まっていた時期での出来事であっただけに、日韓間の緊張が軍事分野にまで波及してきたことを示すものであった。

このように、日韓協力の「聖域」であった経済と安全保障において、日韓対立が台頭することになったのは、一方で日韓間の歴史問題の重要性が相対的に高まったことを示す。ただ、それだけではない。対北朝鮮認識や対米中関係認識をめぐる日韓の乖離の存在を指摘しなければならない。外交や安全保障における日韓の乖離が、歴史問題に取り組む双方のインセンティブを低下させ、さらに歴史問題をめぐる摩擦を激化させる。そして、それがまた外交・安全保障における乖離を増幅させるのである。

強硬な世論

しかも、日本政府の対韓政策を支えているのは、日本社会における対韓強硬論になる。二〇一九年七月の日本政府による対韓輸出管理措置の見直しに関して、日本の世論は約七割が支持の立場を示した。この見直し措置は、表面上は韓国の輸出管理措置が安全保障上信頼できないからだと言いながら、実質的には、韓国大法院判決への有効な対応を示そうとはしない韓国政府への予防的報復措置であったかのような、どう考えても、あまり説得力を持たなさそうな措置であった。にもかかわらず、七割の支持を獲得したことは、それだけ、日本の世論における

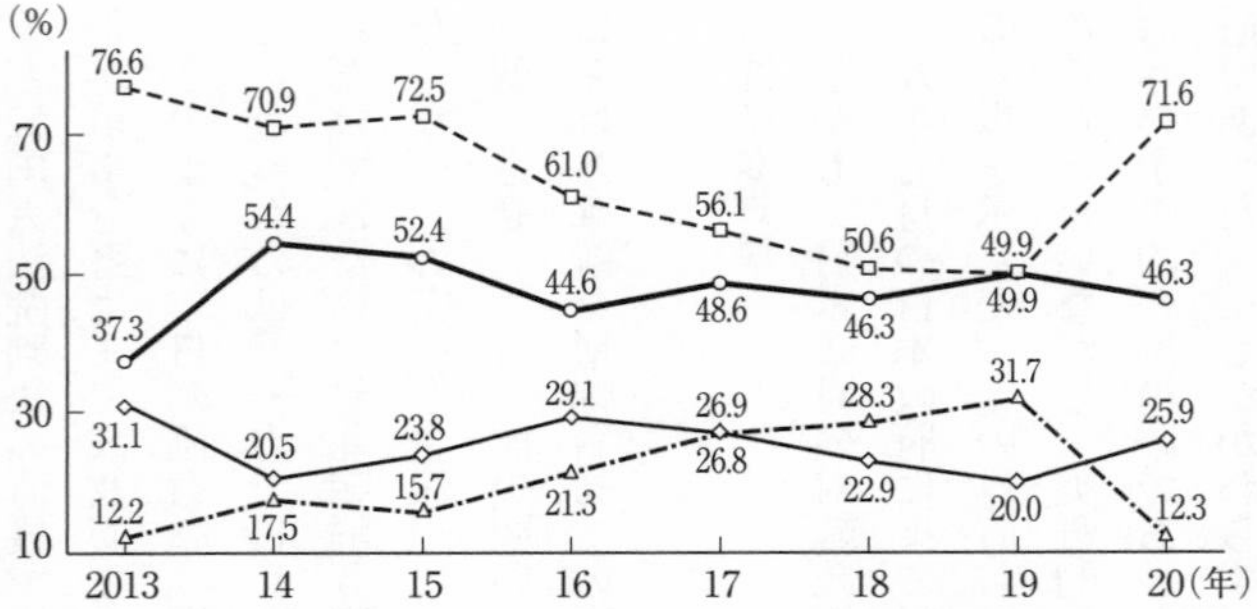

── 日本世論：良い印象を持っている／どちらかといえば良い印象を持っている

━━ 日本世論：良くない印象を持っている／どちらかといえば良くない印象を持っている

-·-·- 韓国世論：良い印象を持っている／どちらかといえば良い印象を持っている

--- 韓国世論：良くない印象を持っている／どちらかといえば良くない印象を持っている

出典：特定非営利活動法人 言論NPO(日本)，東アジア研究院(韓国)「日韓共同世論調査 日韓世論比較総データ」

図4　日韓両国の相手国に対する認識の最近の変遷

対韓強硬論が高まっていることを示すものであった。実際に、内閣府の世論調査によれば韓国に好感を持つ人の比率は、二〇一八年の三九・四%から一九年には二六・七%へと激減した。また、一九年五月に実施された日本の言論NPOと韓国の東アジア研究院による「日韓共同世論調査」の結果(図4)によれば、韓国に好感を持つ日本人の割合二〇・〇%は、日本に好感を持つ韓国人の割合三一・七%を大きく下回った。これは、一八年から一九年へと続く現象であった。

ただ、この直後、二〇一九年七月に日本政府の対韓輸出管理措置の見直しが断行され、韓国の反日感情が高まった。実際に二〇年九月の調査では日本に好感を持つ韓国人の割合は一二・三％に激減した。現金化措置が可視的な進行を示さないことや、文在寅政権のコロナ対策への評価などが影響を及ぼしたのか、日本世論の対韓好感度は二五・九％と微増したが、依然として低い水準のままである。特に、日韓間の懸案である、「慰安婦」問題や「徴用工」問題など、歴史問題をめぐっては、日本社会では、韓国の方に関係悪化の責任があるのだから、韓国が先に対応を示すべきだという割合が圧倒的に多いのに対して、韓国社会では、全く逆である。こうした真逆な世論を前提とすると、日韓政府間の妥協は楽観視できない状況が続かざるを得ないだろう。

二〇二〇年一一月に入って、韓国文在寅政権は、一連の対日「融和」姿勢を示し始めている。国家情報院長の朴智元《パクチウォン》が訪日し、一九九八年の日韓パートナーシップ宣言を継承する新たな共同宣言を出すことを提案したと言われる。また、続いて韓日議員連盟の代表団も訪日し、東京オリンピックまで、日本企業の在韓資産に対する現金化措置の棚上げを提案したと言われる。そして、韓国における代表的知日派政治家である姜昌一《カンチャンイル》を駐日大使に起用した。

これは、米中対立の激化に備えて日韓関係を管理しておこうとする意図の現れだと考えられる。また、同盟重視外交が予想されるバイデン米政権による日韓関係の仲介、管理の働きかけに備えて、韓国なりに日韓関係の管理に配慮しているという姿勢をあらかじめ示したものだとも考えられる。ただし、日本の菅政権の対応は依然として鈍い。

さらに、二〇二一年四月、福島原発の処理水(韓国では汚染水と呼ぶ)を二〇二三年を目処に海洋に放出することを、日本政府が決定したことをめぐって、これに異議を唱える韓国政府、社会との間で、また新たな対立争点が浮上している。韓国社会では、ある意味では日本以上にこの危険性が報道されてきたために、日本社会以上に敏感な問題となっているという事情もある。日本政府は、科学的には有害なものではなく何ら問題はないという立場を掲げるが、この決定にあたって、韓国に対して事前の説明や諒解もほとんどなく一方的に決められたものであるという手続き的な瑕疵も含めて、日本への批判が強まっている。

このように米中対立の激化が予想される中、日韓がその間の関係をどのように管理していくのか、それが日韓双方の国益にどのような影響を及ぼすのかを、真摯に考えなければならない。

終章　日韓の「善意の競争」は可能か？

日韓関係の「進化」と「過去の歴史」

日韓関係が非対称から対称へと大きく変容する中、日韓関係は内容が豊かになりながらも複雑になっている。それにどのように向き合うのか、今問われている。

もちろん、日韓関係は基本的には日本と韓国との相互作用によって構成されるものであり、日韓双方の選択が重要である。関係が対称化されるほど、日本だけ、韓国だけが一方的に何かをしたところで、関係が劇的に変わるものではない。

にもかかわらず、現状は、双方とも、関係悪化の責任をもっぱら相手にだけ帰すことで、相手が変わらなければ関係の悪化は避けられないという見方が根強い。自らが優先する価値観や基準にしたがって、相手の選択や行動がそれとは合致しないと判断するからである。そして、国内に向けて、また国際社会に向けて、相手の価値観や基準よりも自らの価値観や基準の方が「正しい」ものだと主張する。特に、日韓をまたがる広義の歴史問題は、最近は日本が「守勢」ではなく「攻勢」に転じようとし、「歴史戦」とも言える様相を呈している。

もちろん、双方が共有する歴史をどう見るのか、歴史認識をめぐる対立は従来から存在したものであり、今新たに始まったものではない。今までは、それが日韓関係の他領域に波及しないように管理して抑えてきた。安全保障や経済など他領域が双方にとってより一層重要だという認識があったからであった。冷戦体制下の南北分断状況において、韓国の体制優位を日韓の経済協力を通して確保することが、日韓双方の経済および安全保障の利益になるからであった。また、特に、韓国政府は権威主義体制の下で、国民に対してそうした対応に従わせることが可能であった。しかし、冷戦が終焉し、韓国の体制優位という目標が達成されることで、韓国は体制競争ではなく、優位な立場からの平和共存の制度化に政策目標の重点を移したことに見られるように、日韓経済協力の目標は見事に達成された。そうすることで、優先順位が低かった歴史問題に関心が集まるようになった。さらに、歴史問題はアイデンティティをめぐる争いでもあるため日韓関係が対称化すればするほど、容易に妥協し難く、競争的側面がより一層強く刻印されるようになる。

ところが、現在の日韓両政府、社会の対応を見ると、非対称から対称へという変化に、十分に適応できていない点を指摘することができる。非対称な関係に基づく日韓関係の下で形成された日韓両政府と社会の思考や行動様式と、対称化された関係に基づく思考や行動様式とが混在することで、相互に、関係悪化の責任を相手にだけ負わせることで自ら進んで妥協のイニシアティブを取ろうとはしないのである。日本では、一方で韓国を一段下に見る思考や行動様式が残っていながらも、他方で以前の約束を守らないのは「先進国」らしくないということになる。逆に、韓国では、一方で従来の韓国に対する日本の「寛大さ」に期待しながらも、他方で人権規範や歴史認識などで「先進国」らしからぬ日本を批判的に見る。

まずは、日韓関係が対称関係になっていることを双方が十分に考慮することで、歴史問題という非対称な関係時に形成されたアイデンティティをめぐる葛藤を、現在の時点の価値観や規範意識に照らし合わせ、お互いの考えの違いを接近させていくという不断の努力が要請される。確かに、いつまでも「過去の歴史」にこだわるべきではないが、非対称な「過去の歴史」を対称化された関係の下でどのように解していくのかは、単に非対称な関係であった時の「解決」を金科玉条のように守っていくだけでは不十分である。「過去における解決」を尊重しながらも不断に「進化」させていく取り組みが、双方に要請される。それが歴史問題を「管理」するということである。対立を激化させるのではなく、双方がどのような取り組みをするのか、競争するのである。

見るべきは日韓外交の共通利益

以上のように日韓関係において歴史問題の重要性はいくら強調してもしすぎるということはないが、それでも、日韓関係を取り巻く状況に視線を移すと、対立がエスカレートするのに任せるほど余裕のある状況であるのか、再考する必要がある。確かに、対北朝鮮関係や米中対立への向き合い方に関して、日韓の間には乖離があることは否定できない。にもかかわらず、その乖離をあまりに固定的に、しかも、過剰に認識してはいないだろうか。少なくとも、日韓を取り巻く他国——米国、中国、ロシア、北朝鮮——と比較すると、日韓の外交にはむしろ共通利益が際立つのではないか。

過去、第一次クリントン政権、トランプ政権のように、北朝鮮に対する軍事的手段の行使に傾斜したことがある米国とは、日韓は行使し得る手段に関して利害を異にする。この点、ともすれば軍事的オプションの行使に傾斜しがちな米国に対して、そうしないように説得することを日韓が協力して行うことが必要である。

北朝鮮の非核化や国際社会への本格的参加に関しても、ともすれば、それよりも、「緩衝国家」としての北朝鮮の利用価値の方を重視する傾向のある中国とは利害を異にする。北朝鮮の変化、それを通した南北の平和共存の制度化、さらに韓国主導の統一が中国にとって不利にはならないことを日韓は説得する必要がある。この点はロシアに対しても同様である。

北朝鮮に対しては、南北経済協力と日朝国交正常化に伴う日朝経済協力という手段を調整して組み合わせることによって、北朝鮮が望む経済発展にとってどのような戦略が最適であるのかを示すことができる。そうすることが、南北の平和共存の制度化、拉致問題の解決という日韓それぞれの懸案の解決にもプラスに働くはずである。

北朝鮮の核ミサイル開発を可能な限り平和的な手段で解決することで、北朝鮮の非核化を達成し、北朝鮮を国際社会の枠組みにより一層組み込むことで、北朝鮮の挑発的行動を抑制することに関して、日韓は目的と手段を共有する。また米中対立に関しても、極限的な対立に陥らない範囲に米中の戦略的競争をとどめさせることが、日韓の利益には合致するはずであり、しかも、日韓が単独ではこうした影響力行使は難しいが、協力することによる影響力行使には一定の効果が期待できる。日韓の安全保障の基軸となる対米同盟に関しても、適正な費用を負担しながらも、同盟の効果を最大化し費用を最小化するためには、対米同盟をめぐって日韓が対立競争するのではなく、日韓がそれぞれの対米同盟を協力的に調整していくことが必要である。

一見、日韓には外交上の違いが顕在化しているように見えるかもしれないが、そうではなく、むしろ、外交上の協力の必要性は、南北分断体制の克服という「旧冷戦を解体」するためにも、また、米中対立の激化という「新冷戦に立ち向かう」ためにも、高まると言えるのではないか。そうした厳しさを増す国際環境に対して、どちらの外交が望ましい成果を収めることができるのかを競争する、そして、そうした競争に基づいて協力を積み重ねていく、そうした選択をするべき岐路に立たされている。日韓両政府がそれを選択することができるのかどうか、さらに、そうした政策選択を日韓の世論が支えることができるのか、今まさに問われている。

参考文献

本書が参考にした文献、および、本書全体や各章の内容に関して参考にするべき文献を挙げた。配列として、まず本書の著者が直接関わるものを挙げる。そのうえで、日本語文献、英語文献、韓国語文献の順に提示し、それぞれの言語の配列は当該文献の著者のラストネームの配列に従う。なお、日本語文献を優先し、日本語文献ではカヴァーできないものについてだけ、最小限の範囲で、英語文献および韓国語文献を挙げる。

日韓関係の通史など全般に関わるもの

木宮正史『韓国——民主化と経済発展のダイナミズム』筑摩書房、二〇〇三年。

木宮正史『国際政治のなかの韓国現代史』山川出版社、二〇一二年。

木宮正史「日本の対朝鮮半島外交の展開——地政学・脱植民地化・冷戦体制・経済協力」波多野澄雄編『日本の外交　第2巻　外交史　戦後編』岩波書店、二〇一三年。

木宮正史・李元徳《イウォンドク》編著『日韓関係史　一九六五—二〇一五　Ⅰ　政治』東京大学出版会、二〇一五年。

木宮正史『ナショナリズムから見た韓国・北朝鮮近現代史』講談社、二〇一八年。

木宮正史「韓国における国家形成とその変容——脱植民地化をめぐる競争・「企業家的国家」による体制

競争・ポスト競争下の「先進国化」」田中明彦・川島真編『二〇世紀の東アジア史Ⅱ　各国史［1］東北アジア』東京大学出版会、二〇二〇年、二二一―二七四頁。

李鍾元《リージョンウォン》・木宮正史・磯崎典世・浅羽祐樹『戦後日韓関係史』有斐閣、二〇一七年。

［日本語文献］

安倍誠・金都亨《キムドヒョン》編『日韓関係史　一九六五―二〇一五　Ⅱ　経済』東京大学出版会、二〇一五年。

磯崎典世・李鍾久《イジョング》編『日韓関係史　一九六五―二〇一五　Ⅲ　社会・文化』東京大学出版会、二〇一五年。

奥野昌宏・中江桂子編『メディアと文化の日韓関係　相互理解の深化のために』新曜社、二〇一六年。

小倉和夫『日本人の朝鮮観――なぜ「近くて遠い隣人」なのか』日本経済新聞出版社、二〇一六年。

小倉紀蔵・小針進編『日韓関係の争点』藤原書店、二〇一四年。

池明観《チミョングァン》『日韓関係史研究――一九六五年体制から二〇〇二年体制へ』新教出版社、一九九九年。

趙世暎《チョセヨン》（姜喜代《カンヒデ》訳）『日韓外交史――対立と協力の五〇年』平凡社、二〇一五年。

旗田巍『日本人の朝鮮観』勁草書房、一九六九年。

玄武岩《ヒョンムアム》『「反日」と「嫌韓」の同時代史――ナショナリズムの境界を越えて』勉誠出版、二〇一六年。

李庭植《リージョンシク》（小此木政夫・古田博司訳）『戦後日韓関係史』中央公論社、一九八九年。

序章
木宮正史「한일시민사회 관계 구축을 위한 조건（韓日市民社会の関係構築のための条件）」河英善《ハヨンソン》編

『한국과 일본——새로운 만남을 위한 역사인식(韓国と日本——新しい出会いのための歴史認識)』나남(ナナム)、一九九七年、二三九—二六四頁。

第一章

木宮正史「植民地朝鮮における抗日民族主義運動の対外認識」下斗米伸夫・五百旗頭真編『二十世紀世界の誕生——両大戦間の巨人たち』情報文化研究所、二〇〇〇年、一五三—一七四頁。

［日本語文献］

石田徹『近代移行期の日朝関係——国交刷新をめぐる日朝双方の論理』溪水社、二〇一三年。

李昇一《イスンイル》・金大鎬《キムデホ》・鄭昞旭《チョンビョンウク》・文暎周《ムンヨンジュ》・鄭泰憲《チョンテホ》・許英蘭《ホヨンナン》・金旻榮《キムミンヨン》(庵逧由香監訳)『日本の朝鮮植民地支配と植民地的近代』明石書店、二〇一二年。

エッカート、カーター・J(小谷まさ代訳)『日本帝国の申し子——高敞の金一族と韓国資本主義の植民地起源 一八七六—一九四五』草思社、二〇〇四年。

岡本隆司『属国と自主のあいだ——近代清韓関係と東アジアの命運』名古屋大学出版会、二〇〇四年。

梶村秀樹著作集刊行委員会・編集委員会編『梶村秀樹著作集 第二巻 朝鮮史の方法』明石書店、一九九三年。

姜東鎮《カンドンジン》『日本の朝鮮支配政策史研究——一九二〇年代を中心として』東京大学出版会、一九七九年。

金洛年《キムナクニョン》編(文浩一《ムンホイル》・金承美《キムスンミ》訳、尾高煌之助・齋藤修訳文監修)『植民地期朝鮮の国民経済計算 一九一〇一九四五』東京大学出版会、二〇〇八年。

金栄作《キムヨンジャク》『韓末ナショナリズムの研究』東京大学出版会、一九七五年。

木村幹『朝鮮／韓国ナショナリズムと「小国」意識――朝貢国から国民国家へ』ミネルヴァ書房、二〇〇〇年。

木村健二『在朝日本人の社会史』未来社、一九八九年。

木村光彦『日本統治下の朝鮮――統計と実証研究は何を語るか』中央公論新社、二〇一八年。

佐藤誠三郎『「死の跳躍」を越えて――西洋の衝撃と日本』都市出版、一九九三年。

高崎宗司『植民地朝鮮の日本人』岩波書店、二〇〇二年。

高崎宗司『定本「妄言」の原形――日本人の朝鮮人観』木犀社、二〇一四年。

趙景達《チョギョンダル》『植民地期朝鮮の知識人と民衆――植民地近代性論批判』有志舎、二〇〇八年。

趙景達編『植民地朝鮮　その現実と解放への道』東京堂出版、二〇一一年。

趙景達・宮嶋博史・李成市《イソンシ》・和田春樹編『「韓国併合」一〇〇年を問う――『思想』特集・関係資料』岩波書店、二〇一一年。

月脚達彦『福沢諭吉と朝鮮問題――「朝鮮改造論」の展開と蹉跌』東京大学出版会、二〇一四年。

外村大『朝鮮人強制連行』岩波書店、二〇一二年。

朴慶植《パクギョンシク》『日本帝国主義の朝鮮支配（上・下）』青木書店、一九七三年。

波田野節子『李光洙――韓国近代文学の祖と「親日」の烙印』中央公論新社、二〇一五年。

原田環『朝鮮の開国と近代化』渓水社、一九九七年。

ヘンダーソン、グレゴリー（鈴木沙雄・大塚喬重訳）『朝鮮の政治社会――朝鮮現代史を比較政治学的に初解明　渦巻型構造の分析』サイマル出版会、一九七三年。

堀和生『朝鮮工業化の史的分析』有斐閣、一九九五年。

宮嶋博史・李成市・尹海東《ユンヘドン》・林志弦《イムジヒョン》編『植民地近代の視座――朝鮮と日本』岩波書店、二〇〇四年。

森万佑子『朝鮮外交の近代――宗属関係から大韓帝国へ』名古屋大学出版会、二〇一七年。

森山茂徳『近代日韓関係史研究――朝鮮植民地化の国際関係』東京大学出版会、一九八七年。

森山茂徳『日韓併合』吉川弘文館、一九九二年。

尹海東（沈熙燦《シムヒチャン》・原佑介訳）『植民地がつくった近代――植民地朝鮮と帝国日本のもつれを考える』三元社、二〇一七年。

和田春樹『金日成と満州抗日戦争』平凡社、一九九二年。

［英語文献］
Myers, Ramon H, *The Japanese Colonial Empire, 1895–1945*, Princeton University Press, 1987.
Palais, James, *Politics and Policy in Traditional Korea*, Harvard University Press, 1991.
Shin, Gi-Wook and Michael Robinson eds., *Colonial Modernity in Korea*, Harvard University Asia Center, 2001.

第二章

木宮正史「一九六〇年代韓国における冷戦外交の三類型——日韓国交正常化・ベトナム派兵・ＡＳＰＡＣ」小此木政夫・文正仁《ムンジョンイン》編『市場・国家・国際体制』慶應義塾大学出版会、二〇〇一年、九一―一四五頁。

기미야다다시(木宮正史)『박정희정부의 선택——一九六〇년대 수출지향형 공업화와 냉전체제(朴正熙政府の選択——一九六〇年代輸出指向型工業化と冷戦体制)』후마니타스(フマニタス)、二〇〇八年。

〔日本語文献〕

飯倉江里衣『満洲国軍朝鮮人の植民地解放前後史——日本植民地下の軍事経験と韓国軍への連続性』有志舎、二〇二一年。

李東元《イドンウォン》(崔雲祥《チェウンサン》監訳)『韓日条約締結秘話——ある二人の外交官の運命的出会い』ＰＨＰ研究所、一九九七年。

今岡日出紀・大野幸一・横山久編『中進国の工業発展——複線型成長の論理と実証』アジア経済研究所、一九八五年。

太田修『新装新版 日韓交渉——請求権問題の研究』クレイン、二〇一五年。

小此木政夫『朝鮮分断の起源——独立と統一の相克』慶應義塾大学出版会、二〇一八年。

カミングス、ブルース(鄭敬謨《チョギョンモ》・林哲《イムチョル》・加地永都子訳)『朝鮮戦争の起源1 解放と南北分断体制の出現

――一九四五年―一九四七年』明石書店、二〇一二年。

カミングス、ブルース（林哲・鄭敬謨・山岡由美訳）『朝鮮戦争の起源2 「革命的」内戦とアメリカの覇権――一九四七年―一九五〇年（上・下）』明石書店、二〇一二年。

金恩貞《キムウンジョン》『日韓国交正常化交渉の政治史』千倉書房、二〇一八年。

金正濂《キムジョンニョム》『韓国経済の発展――「漢江の奇跡」と朴大統領』サイマル出版会、一九九一年。

金鍾泌《キムジョンピル》（木宮正史監訳、若杉美奈子・小池修訳）『金鍾泌証言録』新潮社図書編集室、二〇一七年。

金斗昇《キムドゥスン》『池田勇人政権の対外政策と日韓交渉――内政外交における「政治経済一体路線」』明石書店、二〇〇八年。

金東祚《キムドンジョ》（林建彦訳）『韓日の和解――日韓交渉一四年の記録』サイマル出版会、一九九三年。

木村幹『韓国における「権威主義的」体制の成立――李承晩政権の崩壊まで』ミネルヴァ書房、二〇〇三年。

木村光彦『北朝鮮の経済――起源・形成・崩壊』創文社、一九九九年。

高賢来『冷戦と開発――自立経済建設をめぐる一九五〇年代米韓関係』法政大学出版局、二〇一八年。

宋炳巻《ソンビョングォン》『東アジア地域主義と韓日米関係』クレイン、二〇一五年。

高崎宗司『検証　日韓会談』岩波書店、一九九六年。

高瀬弘文「東北アジアにおける戦後日本の経済外交の端緒――日韓通商協定の締結を手掛かりに」『国際政治』第一六八号、二〇一二年、一〇二―一一六頁。

朴敬珉《パクキョンミン》『朝鮮引揚げと日韓国交正常化交渉への道』慶應義塾大学出版会、二〇一八年。

朴正鎮《パクジョンジン》『日朝冷戦構造の誕生――一九四五―一九六五　封印された外交史』平凡社、二〇一二年。

朴正熙《パクチョンヒ》（鹿島研究所出版会訳）『朴正熙選集1　韓民族の進むべき道』鹿島研究所出版会、一九七〇年。

朴正熙（鹿島研究所出版会訳）『朴正熙選集2　国家・民族・私』鹿島研究所出版会、一九七〇年。

藤井賢二『竹島問題の起原――戦後日韓海洋紛争史』ミネルヴァ書房、二〇一八年。

藤原和樹『朝鮮戦争を戦った日本人』ＮＨＫ出版、二〇二〇年。

吉澤文寿『新装新版　戦後日韓関係――国交正常化交渉をめぐって』クレイン、二〇一五年。

李鍾元《リージョンウォン》『東アジア冷戦と韓米日関係』東京大学出版会、一九九六年。

李鍾元・木宮正史・浅野豊美編『新装版　歴史としての日韓国交正常化Ⅰ　東アジア冷戦編』法政大学出版局、二〇二〇年。

李鍾元・木宮正史・浅野豊美編『新装版　歴史としての日韓国交正常化Ⅱ　脱植民地化編』法政大学出版局、二〇二〇年。

和田春樹『朝鮮戦争全史』岩波書店、二〇〇二年。

［英語文献］

Brazinsky, Gregg A., *Nation Building in South Korea: Koreans, Americans, and the Making of a Democracy*, The University of North Carolina Press, 2009.
Dudden, Alexis, *Troubled Apologies: Among Japan, Korea, and the United States*, Columbia University Press, 2008.

Eckert, Carter J., *Park Chung Hee and Modern Korea: The Roots of Militarism, 1866–1945*, The Belknap Press of Harvard University Press, 2016.

〔韓国語文献〕
南基正《ナムギジョン》『기지국가의 탄생 일본이 치른 한국전쟁(基地国家の誕生 日本が行った朝鮮戦争)』서울(ソウル)大学校出版文化院、二〇一六年。

第三章

木宮正史「韓国外交のダイナミズム――特に一九七〇年代初頭の変化を中心に」小此木政夫・張達重編『戦後日韓関係の展開』慶応義塾大学出版会、二〇〇五年、三五―七三頁。

木宮正史「朴正熙政権の対共産圏外交――一九七〇年代を中心に」『現代韓国朝鮮研究』一一号、二〇一一年、四―一六頁。

木宮正史「一九七〇年代朝鮮半島冷戦に関する試論的考察――グローバル冷戦のデタント化と韓国外交」『思想』二〇一六年七月号、七七―九二頁。

木宮正史「一九七〇年代第三世界をめぐる南北外交競争と韓国外交」『現代韓国朝鮮研究』一六号、二〇一六年、一―一三頁。

［日本語文献］

青地晨・和田春樹編『日韓連帯の思想と行動』現代評論社、一九七七年。

石田智範「日米関係における対韓国支援問題　一九七七〜一九八一年」『国際政治』第一七六号、二〇一四年、一四―二八頁。

井上正也『日中国交正常化の政治史』名古屋大学出版会、二〇一〇年。

李秉哲《イビョンチョル》「新冷戦・新デタント時代における日本の東アジア外交　一九七九―一九八七――対韓協力を中心に」東京大学法学政治学研究科博士論文、二〇一九年。

小倉和夫『秘録・日韓一兆円資金』講談社、二〇一三年。

小此木政夫「新冷戦下の日米韓体制――日韓経済協力交渉と三国戦略協調の形成」小此木政夫・文正仁編『市場・国家・国際体制』慶應義塾大学出版会、二〇〇一年、一八九―二一二頁。

金鍾泌《キムジョンピル》（木宮正史監訳、若杉美奈子・小池修訳）『金鍾泌証言録』新潮社図書編集室、二〇一七年。

金大中《キムデジュン》（ＮＨＫ取材班構成・訳）『わたしの自叙伝　日本へのメッセージ』日本放送出版協会、一九九五年。

金大中（波佐場清・康宗憲《カンジョンホン》訳）『金大中自伝Ｉ　死刑囚から大統領へ――民主化への道』岩波書店、二〇一一年。

金伯柱《キムペクチュ》『朝鮮半島冷戦と国際政治力学――対立からデタントへの道のり』明石書店、二〇一五年。

倉田秀也「朴正熙「自主国防論」と日米「韓国条項」――「総力安保体制」の国際政治経済」小此木政夫・文正仁編『市場・国家・国際体制』慶應義塾大学出版会、二〇〇一年、一四七―一八八頁。

高《コ》一《イル》『北朝鮮外交と東北アジア――一九七〇―一九七三』信山社、二〇一〇年。

渋谷仙太郎編訳『南朝鮮の反日論——日本の新膨張主義批判』サイマル出版会、一九七三年。

隅谷三喜男『韓国の経済』岩波書店、一九七六年。

関川夏央『ソウルの練習問題——異文化への透視ノート』情報センター出版局、一九八四年。

徐《ソ》勝《スン》・徐俊植《ソジュンシク》(徐京植《ソギョンシク》編訳)『徐兄弟獄中からの手紙——徐勝、徐俊植の一〇年』岩波書店、一九八一年。

徐勝『獄中一九年——韓国政治犯のたたかい』岩波書店、一九九四年。

池明観《チミョングァン》『池明観自伝　境界線を超える旅』岩波書店、二〇〇五年。

池明観『「韓国からの通信」の時代——韓国・危機の一五年を日韓のジャーナリズムはいかにたたかったか』影書房、二〇一七年。

崔慶原《チェギョンウォン》『冷戦期日韓安全保障関係の形成』慶應義塾大学出版会、二〇一四年。

チャ、ヴィクター・D(船橋洋一監訳、倉田秀也訳)『米日韓　反目を超えた提携』有斐閣、二〇〇三年。

T・K生(「世界」編集部編)『韓国からの通信　1972. 11〜1974. 6』岩波書店、一九七四年。

T・K生(「世界」編集部編)『続・韓国からの通信　1974. 7〜1975. 6』岩波書店、一九七五年。

T・K生(「世界」編集部編)『第三・韓国からの通信　1975. 7〜1977. 8』岩波書店、一九七七年。

T・K生(「世界」編集部編)『軍政と受難　第四・韓国からの通信』岩波書店、一九八〇年。

中曽根康弘『中曽根康弘が語る戦後日本外交』新潮社、二〇一二年。

朴正煕(金定漢《キムジョンハン》訳)『民族の底力』サンケイ新聞社出版局、一九七三年。

長谷川和年『首相秘書官が語る中曽根外交の舞台裏——米・中・韓との相互信頼はいかに構築されたか』朝日新聞出版、二〇一四年。

林建彦『朴正煕の時代──韓国「上からの革命」の十八年』悠思社、一九九一年。

平川幸子『「二つの中国」と日本方式──外交ジレンマ解決の起源と応用』勁草書房、二〇一二年。

古野喜政『金大中事件の政治決着──主権放棄した日本政府』東方出版、二〇〇七年。

本多健吉監修『韓国資本主義論争』世界書院、一九九〇年。

松本厚治編『日韓経済摩擦──韓国エコノミストとの論争』東洋経済新報社、一九八六年。

毛里和子『日中関係──戦後から新時代へ』岩波書店、二〇〇六年。

山本剛士『日朝関係──発展する経済交流』教育社、一九七八年。

劉仙姫《ユソンヒ》『朴正煕の対日・対米外交──冷戦変容期韓国の政策、一九六八～一九七三年』ミネルヴァ書房、二〇一二年。

劉仙姫『朴正煕における民族主義の本質──一九七〇年代の核開発と「自主韓国」』晃洋書房、二〇一八年。

尹建次《ユンゴンチャ》『現代韓国の思想　一九八〇～一九九〇年代』岩波書店、二〇〇〇年。

李東俊《リドンジュン》『未完の平和──米中和解と朝鮮問題の変容　一九六九～一九七五年』法政大学出版局、二〇一〇年。

若月秀和『「全方位外交」の時代──冷戦変容期の日本とアジア　一九七一─八〇年』日本経済評論社、二〇〇六年。

若月秀和『冷戦の終焉と日本外交──鈴木・中曽根・竹下政権の外政　一九八〇～一九八九年』千倉書房、二〇一七年。

渡辺利夫『現代韓国経済分析——開発経済学と現代アジア』勁草書房、一九八二年。

[英語文献]

Gills, Barry K., *Korea versus Korea: A Case of Contested Legitimacy*, Routledge, 1996.

Kim, Byung-Kook and Ezra F. Vogel, eds., *The Park Chung Hee Era: The Transformation of South Korea*, Harvard University Press, 2011.

Kim, Hyung-A and Clark W. Sorensen, eds., *Reassessing the Park Chung Hee Era 1961-1979: Development, Political Thought, Democracy, and Cultural Influence*, A Center for Korea Studies Publication, University of Washington Press, 2011.

Sakamoto, Yoshikazu, *Korea as a World Order Issue*, World Order Model Project, 1978.

[韓国語文献]

고모다마유미(薦田真由美)「한일 〝안보경협〟 분석：역사적 전개와 이론적 함의(韓日『安保経協』分析——歴史的展開と理論的含意)」高麗大学大学院政治外交学科博士論文、二〇一三年。

노태우(盧泰愚)『노태우 회고록 상 국가、민주화 나의 운명(盧泰愚回顧録 上 国家、民主化、私の運命)』조선뉴스프레스(朝鮮ニュースプレス)、二〇一一年。

노태우(盧泰愚)『노태우 회고록 하 전환기의 대전략(盧泰愚回顧録 下 転換期の大戦略)』조선뉴스프레스(朝鮮ニュースプレス)、二〇一一年。

전두환(全斗煥)『전두환 회고록 1 혼돈의 시대(全斗煥回顧録1 混沌の時代)一九七九―一九八〇』자작나무숲(白樺の森)、二〇一七年。

전두환(全斗煥)『전두환 회고록 2 청와대 시절(全斗煥回顧録2 青瓦台時代)一九八〇―一九八八』자작나무숲(白樺の森)、二〇一七年。

홍석률(洪錫律)『분단의 히스테리――공개문서로 보는 미중관계와 한반도(分断のヒステリー――公開文書で見る米中関係と朝鮮半島)』창비(創批)、二〇一二年。

第四章

木宮正史「日韓関係――非対称的な相互補完から対称的な競合へ」大矢根聡・大西裕編『FTA・TPPの政治学 貿易自由化と安全保障・社会保障』有斐閣、二〇一六年、二五一―二七二頁。

五百旗頭薫・小宮一夫・細谷雄一・宮城大蔵・東京財団政治外交検証研究会編『戦後日本の歴史認識』東京大学出版会、二〇一七年。

〔日本語文献〕

林東源《イムドンウォン》(波佐場清訳)『南北首脳会談への道――林東源回顧録』岩波書店、二〇〇八年。

大西裕『先進国・韓国の憂鬱――少子高齢化、経済格差、グローバル化』中央公論新社、二〇一四年。

大沼保昭『「慰安婦」問題とは何だったのか――メディア・NGO・政府の功罪』中央公論新社、二〇〇七年。

金淑賢《キムスクヒョン》『中韓国交正常化と東アジア国際政治の変容』明石書店、二〇一〇年。

金成玟《キムソンミン》『戦後韓国と日本文化——「倭色」禁止から「韓流」まで』岩波書店、二〇一五年。

金大中（波佐場清・康宗憲訳）『金大中自伝II　歴史を信じて——平和統一への道』岩波書店、二〇一一年。

木村幹『日韓歴史認識問題とは何か——歴史教科書・「慰安婦」・ポピュリズム』ミネルヴァ書房、二〇一四年。

女性のためのアジア平和国民基金編『アジア女性基金——オーラルヒストリー』女性のためのアジア平和国民基金、二〇〇七年。

谷野作太郎『外交証言録　アジア外交——回想と考察』岩波書店、二〇一五年。

冨樫あゆみ『日韓安全保障協力の検証——冷戦以後の「脅威」をめぐる力学』亜紀書房、二〇一七年。

玄大松《ヒョンデソン》『領土ナショナリズムの誕生——「独島／竹島問題」の政治学』ミネルヴァ書房、二〇〇六年。

船橋洋一『ザ・ペニンシュラ・クエスチョン——朝鮮半島第二次核危機』朝日新聞社、二〇〇六年。

［英語文献］
Perry, William J., *My Journey at the Nuclear Brink*, Stanford Security Studies, 2015.
Wit, Joel S., Daniel B. Poneman, Robert L. Gallucci, *Going Critical: The First North Korean Nuclear Crisis*, Brookings Institution Press, 2004.

[韓国語文献]
김영삼(金泳三)『김영삼 대통령 회고록 민주주의를 위한 나의 투쟁 상(金泳三大統領回顧録 民主主義のための私の闘争 上・下)』朝鮮日報社、二〇〇一年。
노무현(盧武鉉)『성공과 좌절 노무현 대통령 못다쓴 회고록(成功と挫折 盧武鉉大統領が書き終えられなかった回顧録)』학고재(ハッコジェ)、二〇〇九年。

第五章

木宮正史責任編集『シリーズ日本の安全保障6 朝鮮半島と東アジア』岩波書店、二〇一五年。

木宮正史「パワーシフトに直面する東アジアと日本の位相」杉田敦編『岩波講座現代 第4巻 グローバル化のなかの政治』岩波書店、二〇一六年、一九一―二一三頁。

木宮正史「韓国から見た米中関係」川島真・森聡編『アフターコロナ時代の米中関係と世界秩序』東京大学出版会、二〇二〇年、二三一―二四三頁。

李鍾元・木宮正史編著『朝鮮半島 危機から対話へ――変動する東アジアの地政図』岩波書店、二〇一八年。

[日本語文献]
李《イ》栄薫《ヨンフン》編『反日種族主義――日韓危機の根源』文藝春秋、二〇一九年。
木村幹『歴史認識はどう語られてきたか』千倉書房、二〇二〇年。

木村幹・田中悟・金容民編著『平成時代の日韓関係――楽観から悲観への三〇年』ミネルヴァ書房、二〇二〇年。

朴裕河《パクユハ》『帝国の慰安婦――植民地支配と記憶の闘い』朝日新聞出版、二〇一四年。

波多野澄雄『「徴用工」問題とは何か――朝鮮人労務動員の実態と日韓対立』中央公論新社、二〇二〇年。

春木育美『韓国社会の現在――超少子化、貧困・孤立化、デジタル化』中央公論新社、二〇二〇年。

松本厚治『韓国「反日主義」の起源』草思社、二〇一九年。

山本晴太・川上詩朗・殷勇基《イヨンギ》・張界満《チャンゲマン》・金昌浩《キムチャンホ》・青木有加『徴用工裁判と日韓請求権協定――韓国大法院判決を読み解く』現代人文社、二〇一九年。

吉澤文寿編『歴史認識から見た戦後日韓関係――「一九六五年体制」の歴史学・政治学的考察』社会評論社、二〇一九年。

和田春樹『慰安婦問題の解決のために――アジア女性基金の経験から』平凡社、二〇一五年。

和田春樹『アジア女性基金と慰安婦問題――回想と検証』明石書店、二〇一六年。

和田春樹『慰安婦問題の解決に何が必要か』青灯社、二〇二〇年。

［韓国語文献］
이명박(李明博)『대통령의 시간(大統領の時間 二〇〇八―二〇一三)』알에이치코리아(RHコリア)、二〇一五年。

終章

木宮正史「特別リポート　日韓関係改善への道筋」『ブリタニカ国際年鑑　二〇二〇年版』ブリタニカ・ジャパン、二〇二〇年、一一四―一一六頁。

［日本語文献］

白永瑞《ペクヨンソ》（趙慶喜《チョギョンヒ》監訳、中島隆博解説）『共生への道と核心現場――実践課題としての東アジア』法政大学出版局、二〇一六年。

［世論調査］

内閣府「外交に関する世論調査」https://survey.gov-online.go.jp/index-gai.html

言論NPO・東アジア研究院「日韓共同世論調査」https://www.genron-npo.net/

［共同声明などの外交文書］

日本外務省ウェブサイト　http://www.mofa.go.kr

日本と朝鮮半島関係資料集　政策研究大学院大学（GRIPS）・東京大学東洋文化研究所「データベース世界と日本」https://worldjpn.grips.ac.jp/

［統計資料］

日本法務省出入国在留管理庁「出入国管理統計」
http://www.moj.go.jp/isa/policies/statistics/index.html
韓国法務部出入国管理・外国人政策本部「出入国管理年報」
https://www.immigration.go.kr/immigration/1570/subview.do
韓国統計庁国家統計ポータル「国際・北朝鮮統計」
https://kosis.kr/statisticsList/statisticsListIndex.do?menuId=M_02_01_01&vwcd=MT_RTITLE&parmTabId=M_02_01_01#SelectStatsBoxDiv
国連統計　United Nations, Statistics Division, National Accounts–Analysis of Main Aggregates (AMA)
https://unstats.un.org/unsd/snaama/Index
以上のウェブサイトの最終閲覧日は二〇二一年五月二日。

あとがき

筆者の研究の出発点は、一九八〇年前後、非民主主義的な体制の下で急速な経済発展を遂げる、開発独裁と呼ばれた体制への関心であった。なぜ、非民主主義的な体制でないと経済発展を達成し難いのか、また、なぜ、経済発展を達成したのに民主化されないのか、こうした疑問から出発したのである。そして、開発独裁の問題は、一国単位の問題ではなく、現代世界の構造に根ざした問題ではないかと考えるようになった。

そして、こうした現代世界の構造を、米ソのような大国の視座からではなく、冷戦体制による強い制約を受け、さらに、アジアＮＩＥＳの一員として急速な経済発展の過程にあったという意味で、構造による制約と機会の複雑なマトリックスに置かれた、開発独裁韓国の視座から「逆照射」してみようと考えたのである。さらに、当初、全く考えていなかった韓国への大学院留学を選択した。この選択には、筆者の恩師である故坂本義和先生(当時東京大学法学部教授)、そして、同じ坂本先生の指導を受けたという意味で「兄弟子」に当たる崔相龍《チェサンヨン》高麗大学教授(のちに駐日大使)の後押しがあった。御礼を申し上げたい。

ちょうど、留学時の一九八〇年代半ばは、韓国が権威主義体制から民主主義体制へと移行する激動期であり、筆者も「催涙弾の洗礼」をしばしば受けた。また、ソウル・オリンピックを挟んで開発途上国から先進国へと飛躍する時期でもあった。その意味で筆者は「非対称から対称へ」という日韓関係の構造変容を日韓双方において実体験した。

当時、日韓関係というと、植民地支配の歴史をめぐる対立という問題が横たわっていたが、それを研究対象とすることには気乗りしなかった。ただ、研究の過程で一九六〇年代の韓国の経済開発政策に焦点を当てたために、六五年の日韓国交正常化を研究対象とすることは避けられなかった。こうした研究を通して、韓国政府の外交文書を利用する機会に恵まれ、一次史料に基づいて韓国外交を本格的に研究してみようと考えた。そこで「発見した」韓国は、当初考えたような「大国に翻弄され右往左往するひ弱な国」ではなく、「大国関係の荒波に揉まれながらも、その中を逞しく生き抜く国」であった。以後の韓国政治外交に関する筆者の研究は、こうした問題関心に沿ったものである。

そうこうしているうちに、二〇〇〇年代に入って、日韓関係の外交の現場に片足を突っ込む経験に直面することになった。韓国を代表する日本研究者である陳昌洙《チンチャンス》氏(世宗《セジョン》研究所前所長)の提案で、日韓の外交担当者が参加することを前提として、双方五人ずつの研究者で構成される「日韓有識者間政策対話」を、日本側責任者として主宰することになったのである。二〇〇五年以降、計二七回にわたって、重要だと思われるテーマを、その都度選択し行ってきた。「日韓関係はこうあるべきだ」ということだけでなく、「そのためには何をしたらいいのか」という政策的思考に関して、日韓の研究者や外交担当者と共に悩み、考えるという貴重な時間であった。特に、韓国の研究者は元来現実政治との距離が近い人が多いだけに、そうした側面で非常に刺激を受けて、勉強になった。

本書は、そうした知的な取り組みに基づいて書かれたものである。残念ながら、この期間、日韓関係は一九九八年の日韓パートナーシップ宣言をピークとして、それ以後、対立、緊張が恒常化した時期であった。その意味では、我々の対話は現実の日韓関係を豊かで生産的なものにするためにどれだけ貢献できたのか、忸怩たる思いがないわけではない。

にもかかわらず、やはり「諦めてはならない」と思う。最近の日本政府や社会では、「結局、日本が何をしても韓国が反日であることには変わりない」「日本を常に批判する韓国とは協力などできない」というような「韓国に対する諦め」が強くなっているように思う。与党自民党のある政治家が、韓国に対応する時に重要なのは「丁寧に無視することだ」と公の席で言い放ったのを聞いて愕然としたことがある。

他方で、日韓の学生交流の現場で、日韓の若い学生たちが実に生き生きと親しげに交流しつつ、非常に困難な課題を真摯に議論する姿をしばしば目にしてきた。私が学生時代には想像できなかったことである。こうした関係をさらに発展させ、お互いの知恵を出し合っていけば、きっと日韓間の難しい問題も解すことができるのではないかと期待したくなる。

問題は、そうした若い世代にどのような日韓関係を残せるのかということである。日韓間の諸懸案に問題意識を持って取り組むことは必要なのだが、気になるのは、そうした取り組みをすればするほど、日韓関係が貧しく先細りしているのではないかと考えざるを得ないことである。いますぐ日韓関係の諸懸案を解決する特効薬のようなものはないだろう。しかし、問題に取り組むために必要な日韓関係の「底力」のようなものを育てていくことが必要であり、自分がするべきことはそうしたことだと考える。本書は、そうした仕事の一環でありたいと思う。

最後に本書の編集刊行に関しては岩波書店の中山永基さんに大変お世話になった。本書の企画から完成に至るまで、きめ細かな配慮をしていただき、刊行にこぎつけることができた。日韓間の緊張が高まっている時期に、こうした企画を提案してくれたことに大変感謝している。また、私の大学院授業の受講者には本書の草稿を読んでもらい貴重なコメントをもらった。本書をよりよいものにするために大変役立った。改めて感謝したい。

二〇二一年六月

木宮正史

日韓関係略年表

1945	8.15 日本の敗戦．朝鮮半島は米ソによる分割占領．8.17 東久邇宮稔彦内閣成立．米軍，南朝鮮地域に軍政．10.9 幣原喜重郎内閣成立．
1946	5.22 吉田茂内閣成立．
1947	5.24 片山哲内閣成立．
1948	3.10 芦田均内閣成立．7.20 李承晩大統領選出．8.15 大韓民国成立．9.9 朝鮮民主主義人民共和国成立．10.15 第二次吉田茂内閣成立．李承晩が初訪日．
1949	1.4 韓国駐日代表部を東京に設置．4.23 日韓通商協定締結．
1950	6.25 朝鮮戦争勃発(～1953.7.27)．
1951	7.10 朝鮮戦争休戦会談．9.8 サンフランシスコ平和条約，日米安保条約調印(発効は 52 年)．10.20 日韓予備会談開催(～12.4)．
1952	1.18 韓国政府が李承晩ラインを宣言．2.15 第一次日韓会談(～4.26)．8.5 李承晩大統領再選．
1953	1.5 李承晩が訪日，吉田と会談．4.15 第二次日韓会談(～7.23)．7.27 朝鮮戦争休戦協定調印．10.1 米韓相互防衛条約調印．10.6 第三次日韓会談(～10.21)．10.15 財産請求権委員会で「久保田発言」．10.21 韓国側代表団による交渉打ち切り，帰国．
1954	7.12 韓国政府が大村収容所の在日コリアンの釈放を要求，日本政府は拒否．
1955	2.25 北朝鮮，南日外相による「南日声明」．
1956	5.15 李承晩が大統領 3 選．12.23 石橋湛山内閣成立．
1957	2.25 岸信介内閣成立．
1958	4.15 第四次日韓会談(～1960.4.25)．
1959	2.13 国際赤十字社による在日コリアンの帰還事業が閣議決定．
1960	1.6 日米間で朝鮮議事録の締結．3.15 李承晩大統領 4 選(のちに不正選挙を理由に無効)．4.19 李承晩の独裁と不正選挙に抗議する学生運動(四月革命)．4.27 李承晩が大統領を辞任．7.19 池田勇人内閣成立．8.12 尹潽善が大統領に選出．10.25

	第五次日韓会談(〜1961.5).
1961	5.16 朴正熙らによる軍事クーデタ. 10.20 第六次日韓会談(〜1964.12.2). 11.11 朴正熙国家再建最高会議議長の訪日(池田勇人首相との会談), 訪米(ケネディ米大統領との会談)(〜11.13〜24)
1962	3.22 尹潽善が大統領下野声明. 11.12 金鍾泌韓国情報部部長と大平正芳外相の会談, 請求権問題が決着.
1963	10.15 朴正熙が大統領に就任.
1964	6.3 日韓条約反対運動が激化(6・3事態). 11.9 佐藤栄作内閣成立. 12.3 第七次日韓会談(〜1965.6.22).
1965	5.16 韓国, ベトナム派兵を決定. 6.22 日韓基本条約締結.
1967	2.17 第二次佐藤栄作内閣成立. 5.3 朴正熙大統領再選.
1969	11.21 日米首脳会談で韓国条項に合意.
1970	1.14 第三次佐藤栄作内閣成立.
1971	3.24 米国政府, 在韓米軍の削減決定. 9.20 南北赤十字予備会談. 12.6 朴正熙大統領, 国家非常事態宣言.
1972	7.4 7・4南北共同声明. 7.7 田中角栄内閣成立. 9.29 日中共同声明. 10.17 韓国で維新体制成立. 12.23 朴正熙が大統領に選出.
1973	3.15 韓国軍, ベトナムから完全撤退. 5. 雑誌『世界』でT・K生「韓国からの通信」連載開始(〜1988). 6.23 6・23平和統一外交政策に関する大統領特別宣言. 8.8 金大中拉致事件.
1974	4.3 韓国政府, 民青学連事件を発表. 8.15 文世光事件, 陸英修が死亡. 12.9 三木武夫内閣成立.
1976	10.24 コリアゲート事件.
1977	3.9 米国政府, 在韓地上米軍撤退の方針.
1979	7.20 在韓地上米軍撤退方針の凍結. 10.26 朴正熙大統領暗殺. 12.8 崔圭夏が大統領に就任. 12.12 全斗煥による軍内クーデタ.
1980	5.17 韓国で非常戒厳令. 5.18 光州で学生デモ(光州事件). 9.1 全斗煥が大統領に就任. 9.17 金大中に死刑判決. 10.27 韓国で新憲法が発効.
1981	3.3 全斗煥が第五共和国の大統領に就任.
1982	6.26 第一次歴史教科書問題. 11.27 中曽根康弘内閣成立.
1983	1.11 中曽根首相が公式訪韓, 全斗煥大統領と会談.

1984	4. NHK『アンニョンハシムニカ　ハングル講座』開始．9.6 全斗煥大統領が訪日．
1985	8.15 中曽根首相が靖国神社を公式参拝．9.22 プラザ合意．12.12 北朝鮮がNPT加盟．
1986	第二次歴史教科書問題．
1987	6.29 盧泰愚「民主化宣言」．11.6 竹下登内閣成立．
1988	2.25 盧泰愚が大統領に就任．7.7 7・7宣言(民族自尊と統一繁栄のための大統領特別宣言)．9.17 ソウル・オリンピック開幕．
1989	6.2 宇野宗佑内閣成立．8.9 海部俊樹内閣成立．
1990	9.24 金丸信と田辺誠らが訪朝．
1991	9.17 韓国と北朝鮮が国連に同時加盟．11.5 宮沢喜一内閣成立．12.6 元「慰安婦」が日本政府に補償請求訴訟．12.13 南北基本合意書締結．12.31 南北非核化共同宣言締結．
1992	1.16 宮沢首相が訪韓，「慰安婦」への日本軍関与を謝罪．6.20 外国人登録法改正，93年1月から指紋押捺制度が廃止．
1993	2.25 金泳三が大統領に就任．3.12 北朝鮮がNPT脱退を発表，第一次核危機．8.4 河野談話．8.9 細川護熙内閣成立．
1994	6.17 米朝が北朝鮮のNPT残留で合意．6.30 村山富市内閣成立．7.8 金日成死去．10.21 ジュネーブ米朝枠組み合意．
1995	7.19 アジア女性基金設立．8.15 村山談話．
1996	1.11 橋本龍太郎内閣成立．
1997	7. アジア通貨危機．11. 韓国，IMFに緊急支援を要請．
1998	2.25 金大中が大統領に就任．7.30 小渕恵三内閣成立．10.8 金大中が訪日，「日韓共同宣言――21世紀に向けた新たな日韓パートナーシップ」．
2000	4.5 森喜朗内閣成立．6.13〜15 南北首脳会談，南北共同宣言．
2001	4.26 小泉純一郎内閣成立．
2002	5.31 日韓ワールドカップ開幕．9.17 小泉首相訪朝，日韓平壌宣言．
2003	1.1 北朝鮮がNPT脱退を宣言．2.25 盧武鉉が大統領に就任．4.30 北朝鮮が核兵器の保有を表明．8.27〜29 第1回六者協議．
2004	5.22 小泉首相再訪朝．7.21〜22 日韓首脳会談．
2005	3.16 島根県議会が「竹島の日」条例制定．3.17 盧武鉉大統領,

	対日新ドクトリンを表明.
2006	9.26 第一次安倍晋三内閣成立. 10.9 北朝鮮が初の核実験.
2007	3.16「慰安婦」の強制連行についての安倍内閣による閣議決定. 9.26 福田康夫内閣成立.
2008	2.25 李明博が大統領に就任. 9.24 麻生太郎内閣成立.
2009	9.16 鳩山由紀夫内閣成立.
2010	6.8 菅直人内閣成立. 8.10 菅談話.
2011	8.30 韓国の憲法裁判所が,「慰安婦」問題における韓国政府の不作為に対して違憲決定. 9.2 野田佳彦内閣成立. 12.4 在韓日本大使館の向かいに「少女像」が設置される. 12.17 金正日死去.
2012	5.24 韓国大法院(小法廷)が日本企業に対する元「徴用工」の損害賠償請求を認める差し戻し判決. 8.10 李明博大統領が竹島に上陸. 12.26 第二次安倍晋三内閣成立.
2013	2.25 朴槿恵が大統領に就任.
2014	3.25 ハーグで日米韓首脳会談.
2015	11.1 日韓首脳会談. 12.28「慰安婦」問題について日韓政府間の合意.
2017	5.10 文在寅が大統領に就任.
2018	4.27 板門店で南北首脳会談, 板門店宣言. 6.12 シンガポールで米朝首脳会談, 共同声明. 9.18～19 平壌で南北首脳会談, 平壌宣言. 10.30 韓国大法院(大法廷)が日本企業に元「徴用工」への損害賠償を命じる判決. 11.21 韓国政府,「和解・癒やし財団」の解散を発表. 12.20 能登半島沖で韓国海軍と海上自衛隊の間で火器管制レーダー照射をめぐる事件.
2019	2.27～28 ハノイで米朝首脳会談. 7.1 日本政府による対韓輸出管理措置の見直しの発表.
2020	9.16 菅義偉内閣成立.
2021	1.8 ソウル中央地裁が日本政府に対して元「慰安婦」への損害賠償を命じる判決. 4.21 ソウル中央地裁が日本政府に対する元「慰安婦」の損害賠償請求を主権免除を理由に却下する判決. 6.7 ソウル中央地裁が日本企業に対する元「徴用工」の損害賠償請求を日韓請求権協定を理由に却下する判決.

木宮正史

1960年生まれ．東京大学大学院法学政治学研究科博士課程単位取得退学．高麗大学大学院政治外交学科博士課程修了．
現在―東京大学大学院総合文化研究科教授
専攻―国際政治学・朝鮮半島問題
著書―『国際政治のなかの韓国現代史』(山川出版社)，『ナショナリズムから見た韓国・北朝鮮近現代史』(講談社)，『韓国――民主化と経済発展のダイナミズム』(ちくま新書)，『戦後日韓関係史』(共著，有斐閣)，『シリーズ日本の安全保障6　朝鮮半島と東アジア』『朝鮮半島 危機から対話へ――変動する東アジアの地政図』(共編著，岩波書店)など

日韓関係史　　岩波新書(新赤版)1886

2021年7月20日　第1刷発行

著　者　木宮正史《きみやただし》

発行者　坂本政謙

発行所　株式会社 岩波書店
〒101-8002 東京都千代田区一ツ橋2-5-5
案内 03-5210-4000　営業部 03-5210-4111
https://www.iwanami.co.jp/

新書編集部 03-5210-4054
https://www.iwanami.co.jp/sin/

印刷・三陽社　カバー・半七印刷　製本・中永製本

ISBN 978-4-00-431886-6　　Printed in Japan

岩波新書新赤版一〇〇〇点に際して

ひとつの時代が終わったと言われて久しい。だが、その先にいかなる時代を展望するのか、私たちはその輪郭すら描きえていない。二〇世紀から持ち越した課題の多くは、未だ解決の緒を見つけることのできないままであり、二一世紀が新たに招きよせた問題も少なくない。グローバル資本主義の浸透、憎悪の連鎖、暴力の応酬——世界は混沌として深い不安の只中にある。

現代社会においては変化が常態となり、速さと新しさに絶対的な価値が与えられた。消費社会の深化と情報技術の革命は、種々の境界を無くし、人々の生活やコミュニケーションの様式を根底から変容させてきた。ライフスタイルは多様化し、一面では個人の生き方をそれぞれが選びとる時代が始まっている。同時に、新たな格差が生まれ、様々な次元での亀裂や分断が深まっている。社会や歴史に対する意識が揺らぎ、普遍的な理念に対する根本的な懐疑や、現実を変えることへの無力感がひそかに根を張りつつある。そして生きることに誰もが困難を覚える時代が到来している。

しかし、日常生活のそれぞれの場で、自由と民主主義を獲得し実践することを通じて、私たち自身がそうした閉塞を乗り超え、希望の時代の幕開けを告げてゆくことは不可能ではあるまい。そのために、いま求められていること——それは、個と個の間で開かれた対話を積み重ねながら、人間らしく生きることの条件について一人ひとりが粘り強く思考することではないか。その営みの糧となるものが、教養に外ならないと私たちは考える。歴史とは何か、よく生きるとはいかなることか、世界そして人間はどこへ向かうべきなのか——こうした根源的な問いとの格闘が、文化と知の厚みを作り出し、個人と社会を支える基盤としての教養となった。まさにそのような教養への道案内こそ、岩波新書が創刊以来、追求してきたことである。

岩波新書は、日中戦争下の一九三八年一一月に赤版として創刊された。創刊の辞は、道義の精神に則らない日本の行動を憂慮し、批判的精神と良心的行動の欠如を戒めつつ、現代人の現代的教養を刊行の目的とする、と謳っている。以後、青版、黄版、新赤版と装いを改めながら、合計二五〇〇点余りを世に問うてきた。そして、いままた新赤版が一〇〇〇点を迎えたのを機に、人間の理性と良心への信頼を再確認し、それに裏打ちされた文化を培っていく決意を込めて、新しい装丁のもとに再出発したいと思う。一冊一冊から吹き出す新風が一人でも多くの読者の許に届くこと、そして希望ある時代への想像力を豊かにかき立てることを切に願う。

（二〇〇六年四月）